Gestão de programas e projetos públicos

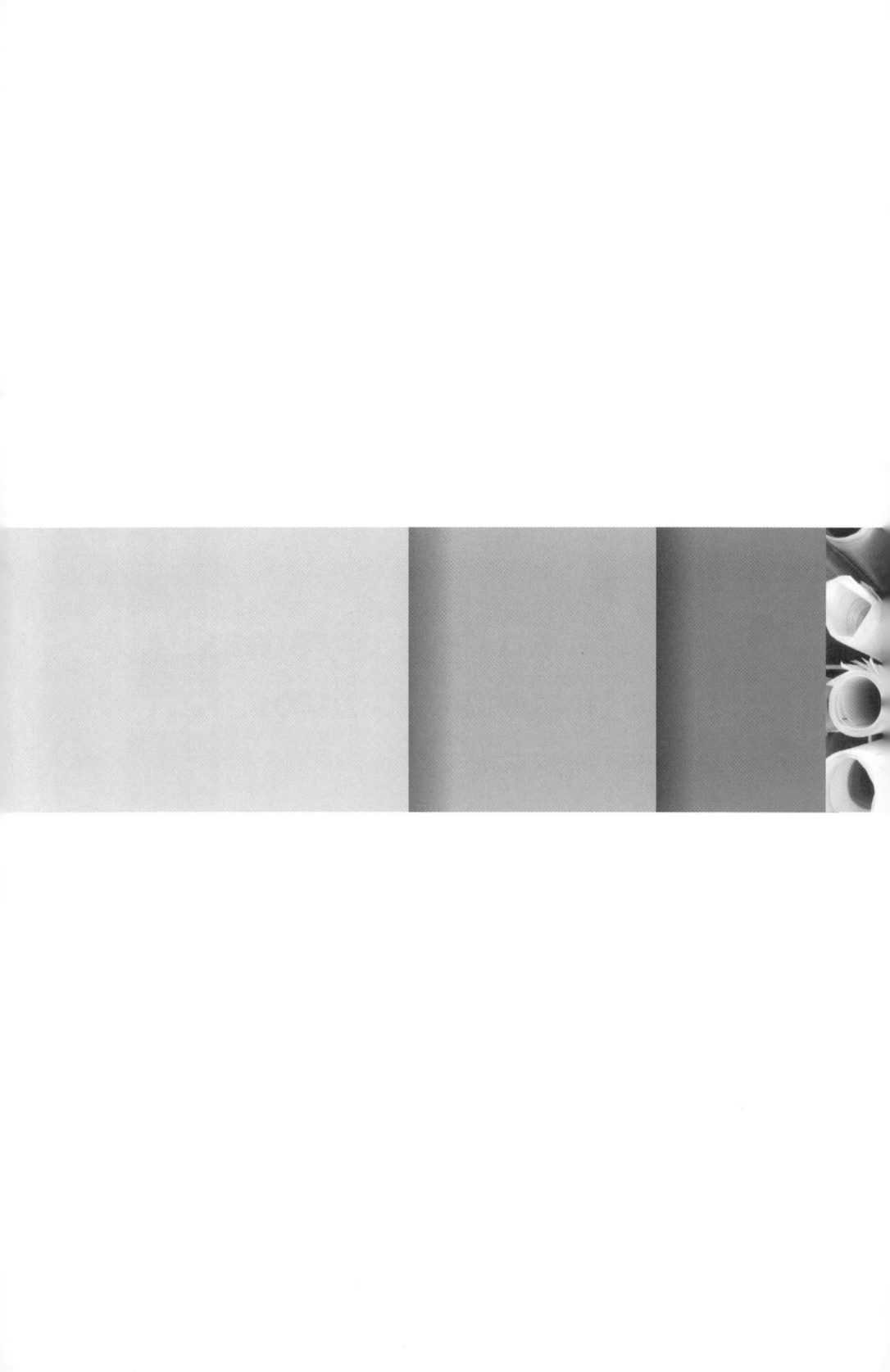

COLEÇÃO PRÁTICAS DE GESTÃO

Série
Gestão pública

Gestão de programas e projetos públicos

Hermano Roberto Thiry-Cherques
Roberto da Costa Pimenta

Copyright © 2015 Hermano Roberto Thiry-Cherques e Roberto da Costa Pimenta

Direitos desta edição reservados à
Editora FGV
Rua Jornalista Orlando Dantas, 37
22231-010 | Rio de Janeiro, RJ | Brasil
Tels.: 0800-021-7777 | 21-3799-4427
Fax: 21-3799-4430
editora@fgv.br | pedidoseditora@fgv.br
www.fgv.br/editora

Impresso no Brasil | Printed in Brazil

Todos os direitos reservados. A reprodução não autorizada desta publicação, no todo ou em parte, constitui violação do copyright (Lei nº 9.610/98).

Os conceitos emitidos neste livro são de inteira responsabilidade do(s) autor(es).

1ª edição — 2015; 1ª reimpressão — 2017.

Preparação de originais: Sandra Frank
Projeto gráfico: Flavio Peralta / Estudio O.L.M.
Diagramação: Ilustrarte Design e Produção Editorial
Revisão: Camila D'Carli e Fatima Caroni
Capa: aspecto:design
Imagem da capa: © Dag Ulrich Irle – Dreamstime

Ficha catalográfica elaborada pela
Biblioteca Mario Henrique Simonsen/FGV

Thiry-Cherques, Hermano R.
    Gestão de programas e projetos públicos / Hermano Roberto Thiry-Cherques, Roberto da Costa Pimenta. - Rio de Janeiro : Editora FGV, 2015.
    92 p.

    ISBN 978-85-225-1536-3
    Inclui bibliografia.

    1. Administração de projetos. 2. Administração pública. I. Pimenta, Roberto da Costa. II. Fundação Getulio Vargas. III.Título.

CDD – 352.365

Sumário

Apresentação 7

Capítulo 1. Definição do projeto 9
    Configuração do projeto 9
    Definição do produto 16

Capítulo 2. Estrutura do projeto 19
    Matriz de estrutura lógica 19
    Contexto do projeto 23
    Cultura do projeto 29
    Impacto econômico-social 32

Capítulo 3. Sequência do projeto 37
    Fases do projeto 37
    Duração das atividades 39
    Rede 43

Capítulo 4. Controle do projeto 53
    Estrutura organizacional 53
    Gestão de recursos humanos 58
    Higiene no trabalho 63
    Cálculo dos estoques 67
    Sistema de comunicações 69
    Sistema de controle de qualidade 71
    Riscos do projeto 84

Sobre os autores 91

Apresentação

A Fundação Getulio Vargas (FGV) foi fundada em 1944 com o objetivo de contribuir para o desenvolvimento do Brasil, por meio da criação e da difusão de técnicas e ferramentas de gestão. Em sintonia com esse objetivo, em 1952 a FGV, comprometida com a mudança nos padrões administrativos do setor público, criou a Escola Brasileira de Administração Pública (Ebap). Em seus mais de 60 anos de atuação, a Ebap desenvolveu competências também na área de administração de empresas, o que fez com que seu nome mudasse para Escola Brasileira de Administração Pública e de Empresas (Ebape).

A partir de 1990, a FGV se especializou na educação continuada de executivos, consolidando-se como líder no mercado de formação gerencial no país, tanto em termos de qualidade quanto em abrangência geográfica dos serviços prestados. Ao se fazer presente em mais de 100 cidades no Brasil, por meio do Instituto de Desenvolvimento Educacional (IDE), a FGV se tornou um relevante canal de difusão de conhecimentos, com papel marcante no desenvolvimento nacional.

Nesse contexto, a Ebape, centro de excelência na produção de conhecimentos na área de administração, em parceria com o programa de educação a distância da FGV (FGV Online) tem possibilitado que o conhecimento chegue aos mais distantes lugares, atendendo à sociedade, a executivos e a empreendedores, assim como a universidades corporativas, com projetos que envolvem diversas soluções de educação para essa modalidade de ensino, de *e-learning* à TV via satélite.

A Ebape, em 2007, inovou mais uma vez ao ofertar o primeiro curso de graduação a distância da FGV, o Curso Superior em Tecnologia em Processos Gerenciais, o qual, em 2011, obteve o selo CEL (teChnology-Enhanced Learning Accreditation) da European Foundation for Management Development (EFMD), certificação internacional baseada em uma série de indicadores de qualidade. Hoje, esse é o único curso de graduação a distância no mundo a ter sido certificado pela EFMD-CEL. Em 2012, o portfólio de cursos Superiores de Tecnologia a distância diplomados pela Ebape aumentou significativamente, incluindo áreas como gestão comercial, gestão financeira, gestão pública e marketing.

Cientes da relevância dos materiais e dos recursos multimídia para esses cursos, a Ebape e o FGV Online desenvolveram os livros que compõem a Coleção Práticas de Gestão com o objetivo de oferecer ao estudante – e a outros possíveis leitores – conteúdos de qualidade na área de administração. A coleção foi elaborada com a consciência de que seus volumes ajudarão o leitor a responder, com mais segurança, às mudanças tecnológicas e sociais de nosso tempo, bem como às suas necessidades e expectativas profissionais.

Flavio Carvalho de Vasconcelos
FGV/Ebape
Diretor

www.fgv.br/ebape

Capítulo 1

Definição do projeto

Neste capítulo, identificaremos os conceitos básicos que definem um projeto e informaremos como estes conceitos devem ser aplicados tecnicamente nos processos de elaboração e análise, considerando as especificidades inerentes ao ambiente da administração pública brasileira. Discutiremos, ainda, por que um projeto é, basicamente, a descrição dos recursos e dos passos necessários para se alcançar um determinado objetivo.

Configuração do projeto

Define-se projeto como uma organização transitória que compreende uma sequência de atividades dirigidas à geração de um produto singular em um tempo dado. Essa definição contém uma série de termos-chave essenciais. São eles:

- *objetivo*: um objetivo, um projeto. Essa é uma regra básica. O projeto deve ter um, e só um, objetivo – um resultado, *output*, saída, produto;
- *transitório*: um projeto tem um ciclo de vida predeterminado, com um começo e um fim. Extingue-se quando seu objetivo é atingido;
- *produto*: entendemos por "produto" de um projeto qualquer classe de bens, tangíveis ou intangíveis, incluindo desde bens materiais até serviços ou mesmo ideias;
- *singularidade*: um projeto é um empreendimento único; qualquer alteração de conteúdo ou de contexto corresponde, necessariamente, a modificação do projeto;
- *complexidade*: um projeto é um compósito articulado de ações – as atividades do projeto – que se dão tanto linearmente como em paralelo.

A configuração de projetos tem quatro raízes facilmente identificáveis:

- *a da experiência dos projetos de engenharia*, cujo sistema mais completo é o do Project Management Institute (PMI), norte-americano, que considera um corpo de conhecimentos com ênfase na fixação de objetivos, sequência de tempo, custos, qualidade, gestão de recursos e comunicações;

- *a dos projetos de desenvolvimento econômico*, com influência marcante de ideias de regulação, hoje operados pelas instituições internacionais e nacionais de fomento e pelos bancos públicos, como o Banco Interamericano de Desenvolvimento (BID) e o Banco Mundial. A ênfase desse tipo de projetos recai sobre tópicos relacionados à economia setorial e regional;
- *a dos esquemas europeus de planificação e cooperação internacional*, como o sistema Zoop, alemão, que enfatiza o foco do projeto e contempla prioritariamente os instrumentos de coordenação, integração e apoio mútuo dirigidos a objetivos compartilhados e precisamente definidos. Esses esquemas são amplamente empregados no setor público, tanto na Europa como em países em desenvolvimento;
- *a dos projetos de investimento*, utilizados por instituições financeiras concorrenciais e por patrocinadores privados, cuja ênfase incide sobre a seleção de investimentos, as taxas de retorno do capital e os riscos de inversão. São mais empregados em projetos apoiados por instituições financeiras.

PROJECT MANAGEMENT INSTITUTE (PMI)

Associação criada em 1969 e sediada na Philadelphia, Pennsylvania, EUA. O Project Management Institute (PMI) é, em termos mundiais, a maior associação profissional sem fins lucrativos voltada para gerenciamento de projetos, contando com mais de 100 mil membros no mundo todo. Os objetivos estratégicos do PMI são:
- ampliar o reconhecimento e a aceitação do profissionalismo do gerente de projetos;
- ampliar a base de conhecimento de gerenciamento de projetos;
- desenvolver e expandir a comunidade de gerenciamento de projetos;
- promover a organização PMI, a excelência e a viabilidade, além de tornar-se global.

SISTEMA ZOOP

Metodologia desenvolvida pela Agência Alemã de Cooperação Técnica (GTZ) no início dos anos 80 e, desde então, utilizada por instituições internacionais como o Banco Mundial e a Comissão Europeia.
O método se caracteriza por sua abordagem participativa e consistência lógica no planejamento de projetos. A adoção do enfoque participativo ao longo do ciclo do projeto permite aos envolvidos uma efetiva participação na troca de informações, na construção de consenso, na tomada de decisão e, ainda, na gestão das ações planejadas.
A metodologia favorece a comunicação e a cooperação entre as partes interessadas no projeto e estabelece uma linguagem comum no planejamento, na gestão e no monitoramento, que facilita a sua aplicação em diversos contextos e em projetos de diferentes complexidades.

A modelagem é a instância técnica inicial de um projeto e compreende a ordenação lógica, a exposição fundamentada do que se pretende ver realizado. Ao final da modelagem, obtém-se um documento que informa sobre o produto, a sequência de atividades, os recursos, enfim tudo que é necessário para que o projeto possa ser posto em prática. As demais instâncias são: a administração e a avaliação. A modelagem tem como escopo a preparação para as outras etapas. Um projeto estará bem modelado se e quando a descrição das atividades a serem desenvolvidas, dos objetivos a serem alcançados, do tempo e dos recursos requeridos, das condições de gestão puder ser monitorada. A administração ou gerenciamento abrange conhecimentos, habilidades, ferramentas e técnicas necessários à condução de um projeto devidamente configurado. Já a avaliação compreende acompanhamento, monitoração, análise e julgamento da viabilidade, da execução e dos resultados, positivos e negativos, do projeto.

> **DICA**
>
> Antes de modelar uma ideia, isto é, de transformá-la em um projeto, deve-se considerar se o esforço vale a pena. Por isso, antecede o primeiro passo, na modelagem de projetos, uma visão genérica do que se pretende ver realizado. Esse momento é extremamente importante porque a configuração de projetos encerra custos, tanto financeiros como não financeiros. Às vezes, esses custos são consideráveis. Trata-se, portanto, de verificar se está na hora de dar início ao processo de modelagem, evitando o risco de investir tempo e recursos em algo que, depois, se mostrará não factível ou irrelevante.

As questões a serem resolvidas na pré-modelagem são, necessariamente, amplas e genéricas. O propósito é o de eliminar alternativas antes mesmo de despender qualquer recurso. Deve-se, nesse momento, tentar responder a perguntas fundamentais, baseando-se unicamente nos conhecimentos, na experiência e na percepção que se tem sobre o projeto. São quatro as questões a que se deve responder:

- O que o projeto irá gerar? Um serviço? Um produto? Qual?
- Quais os beneficiários potenciais do resultado do projeto? Um grupo de pessoas? Uma comunidade? A sociedade?
- Quanto, aproximadamente, poderá custar um projeto como esse?
- Quem poderá se interessar em financiá-lo?

Ao tentar responder essas questões, mesmo que as respostas sejam aproximativas, elimina-se uma série de desvios e antecipam-se os passos – e as dificuldades – da modelagem. O fundamental é adquirir a convicção de que vale a pena o esforço.

As razões para o lançamento de um projeto são variadas. Modelam-se projetos, por exemplo, para dar uma resposta estratégica a um desafio. Para fazê-lo, deve-se enfocar o projeto no sentido de dar uma resposta apropriada ao que provocou sua necessidade. Algumas vezes, os problemas e desafios a serem enfrentados modelando projetos no âmbito do setor público são inequívocos. Outras vezes, os motivos que levam ao projeto derivam de pressões e contrapressões de grupos de interesse. Isto significa que ele nascerá e provavelmente viverá em um ambiente conflituoso, que sofrerá tentativas de interferência política, entre outras. Para que se possa estar seguro do sentido a dar ao projeto, devem ficar claras a origem e as motivações que levaram à sua configuração. As questões-chave a que se deve tentar responder antes mesmo de dar o primeiro passo na modelagem são de quatro ordens:

- Por que o projeto deverá ser modelado? Novos públicos? Resposta a pressões políticas? Legitimação? Novas tecnologias?
- Quem exerce pressão para que o projeto seja modelado? Públicos? Grupos estruturados? Organizações da sociedade civil? Governos? Legisladores? Fornecedores? Outras organizações? Reguladores?
- Através de quais meios essa pressão é exercida? Econômicos? Financeiros? Comerciais? Legais? Normativos? Políticos? Tecnológicos?
- Qual o ambiente em que o projeto deverá ser modelado? Adverso? Favorável? Em mudança? Estagnado? Otimista? Pessimista?

COMENTÁRIO

A vontade individual ou de um grupo, aliada ao conjunto de pressões conformam a justificativa e o sentido do projeto. Por isso, as razões para sua construção devem estar suficientemente claras antes de serem dados os primeiros passos efetivos da modelagem.

A seguir, uma listagem dos motivos mais frequentes que justificam a modelagem de projetos públicos:

- aproveitar incentivos e apoios governamentais;
- aproveitar recursos naturais ou refugos industriais;
- atender demandas de uma comunidade;
- atender uma prescrição legal;
- atender demandas comerciais insatisfeitas;
- atualizar administrativamente uma organização pública;
- atualizar tecnicamente um serviço público;
- conservar bens tangíveis ou intangíveis, móveis ou imóveis;
- demonstrar a viabilidade de um empreendimento;
- desenvolver a produção;
- desenvolver ou adquirir um novo sistema;
- desenvolver um novo serviço;
- erigir um bem ou implementar um serviço;

- estabelecer sistemas de controle;
- estimular a criação e a manifestação de indivíduos, grupos ou comunidades;
- exportar bens ou serviços de interesse público;
- importar, adaptar, melhorar ou desenvolver técnicas e tecnologias;
- levar a efeito uma campanha educativa;
- melhorar a qualidade de produtos oferecidos;
- obter financiamento ou outro tipo de apoio para um empreendimento;
- preservar bens tangíveis ou intangíveis, móveis ou imóveis;
- promover mudanças na estrutura ou no estilo de uma organização pública;
- quebrar situações de monopólio ou oligopólio;
- substituir importações.

COMENTÁRIO

Quando se pensa em configurar um projeto, há um motivo para isso. Esse motivo é o problema que lhe dá origem. Assim, identificar claramente o problema que se quer ver resolvido é, portanto, o primeiro passo na configuração de projetos. O problema é uma questão proposta para que se gere uma solução. É uma situação negativa ou de carência que o projeto irá superar.

É importante individualizar o problema central a ser enfrentado, já que um problema imprecisamente identificado irá provocar dubiedades no projeto, anulando sua razão de ser. Deve-se ter em mente a singularidade dos projetos, a fórmula: "um problema, um produto, um tempo, um projeto". Essa fórmula lembra que dois ou três problemas irão gerar dois ou três produtos e dois ou três projetos. Quando isso acontece, deve-se individualizar claramente cada projeto para, em seguida, configurá-los separadamente. Pode-se, posteriormente, reuni-los sob a forma de multiprojetos ou de projetos integrados. A questão é: ou bem existe um problema que o projeto possa solucionar ou contribuir para solucionar, ou bem a modelagem não se justifica. Para identificar o problema central deve-se:

- expressá-lo da forma mais sucinta possível;
- evitar o uso de alternativas (ou), conjuntivas (e);
- evitar expressões como: talvez, provavelmente etc.;
- verificar se não se trata de uma hipótese de solução ou de uma ausência de solução.

CONCEITO-CHAVE

Produto representa qualquer classe de bens, tangíveis ou intangíveis, incluindo bens materiais, serviços e até ideias.

Quando se apresenta a ausência de solução como se fosse um problema, induz-se, logicamente, à adoção da solução que se imagina. No quadro 1 estão listados os equívocos desse tipo que ocorrem com maior frequência na área de projetos públicos.

QUADRO 1: EQUÍVOCOS MAIS COMUNS NA IDENTIFICAÇÃO DE PROBLEMAS

Ausência de solução	Projeto	O que seria um problema real	O que acontece quando o projeto é modelado a partir de uma ausência de solução
Faltam computadores	Aquisição de computadores	Baixa capacidade de armazenamento da informação	O problema real não existe, ou pode ser resolvido sem informatização. Muitas vezes a informatização é feita para dar um ar "moderno" aos serviços a um custo injustificável.
Não há instalações	Recuperação ou construção de espaços culturais	O acervo material foi perdido	O espaço é usado para outras finalidades, o acervo é importado ou inventado.

Muitos projetos públicos apresentados aos órgãos de financiamento, e mesmo projetos apresentados à consideração de órgãos internacionais, não resistem à análise preliminar por não deixarem claro o problema que visam resolver ou por confundirem-no com uma hipótese de solução ou ausência de solução.

> **COMENTÁRIO**
>
> Não se deve confundir um problema com o que se supõe ser sua solução, ou seja, uma hipótese de solução. Por exemplo, o problema que um projeto para obtenção de financiamento visa resolver não é a falta de dinheiro. Ninguém pode justificar um pedido de financiamento alegando estar sem dinheiro.

O segundo passo da modelagem do projeto é a definição do produto a ser gerado, lembrando que o projeto é identificado pelo seu produto. Mais uma vez, vale a regra básica "um problema, um produto, um tempo, um projeto". Para que as técnicas de modelagem possam ser aplicadas, é fundamental que a identificação seja clara. São tantos os projetos no setor público com objetivos difusos, que é importante insistir, examinando desdobramentos desse ponto. Alvos múltiplos forçam a segmentação, a aplicação de recursos em várias direções, empobrecendo e, em geral, deixando-os a meio caminho da conclusão. O projeto perde-se em si mesmo. Geralmente, na impossibilidade de alcançar uma das metas, os gestores comprometem o esforço inteiro. Projetos com esse tipo de deficiência podem fazer sentido para quem os propõe. Para quem os analisa, assemelham-se a uma corrida de obstáculos para pessoas sem senso de direção. Um esforço imenso, que leva a lugar nenhum.

Em projetos públicos, a ocorrência de má definição de objetivos tem várias características.

> **EXEMPLO**
>
> Um exemplo é a declaração de objetivos encadeados, do tipo "uma vez conhecido o público-alvo, passaremos a...". Neste caso, o primeiro segmento, conhecer o público-alvo, é um objetivo, enquanto o segundo, "passaremos...", é um propósito condicionado ao primeiro. Pode-se modelar um projeto sobre como conhecer o público-alvo. Sobre o segundo segmento não, pois se deve conhecer o resultado da configuração do público-alvo antes de se determinar o alcance e os recursos necessários à sua elaboração.
>
> Outra classe de objetivos difusos é a de condicionamento simultâneo. Propostas do gênero: "enquanto as bandas municipais realizam apresentações itinerantes, os músicos farão levantamentos sobre o estoque folclórico da região, de sorte que no dia da padroeira seja possível montar um espetáculo em que se combine...". Aqui também há, em primeira instância, dois objetivos: a execução musical e o levantamento do folclore. Diferentemente da situação anterior, esses objetivos não são encadeados, são paralelos. Ou seja, um não depende do outro para sua consecução, ainda que dos dois dependa um terceiro objetivo, que é o espetáculo da festa da padroeira. As dificuldades, neste caso, derivam da sincronia de metas: o levantamento pode demandar muito mais tempo e preparo do que simples apresentações

> **DICA**
>
> Projetos complexos, sequenciados ou realizados em paralelo são frequentes no campo do setor público. Nessa contingência, o ideal é que se constituam programas, isto é, que se aglutinem os projetos, quer na forma sequencial (multiprojetos), quer na forma de realização simultânea (projetos integrados).

A escolha do produto central é muito variável e depende da interpretação do que é mais apropriado, do que está dentro do alcance de quem pode apoiar o projeto. O importante é que a escolha recaia sobre um, e só um, produto. É frequente a confusão entre os níveis que designam os propósitos do projeto. Isto se deve ao número elevado de convenções diferentes para designar o produto, o objetivo, a finalidade, as metas etc. Na declaração dos propósitos do projeto é importante se distinguir a amplitude a que se refere. Não existem regras universais para as denominações da amplitude dos objetivos. São convenções que variam bastante e que distinguem:

- *produto*: qualquer classe de bens, tangíveis ou intangíveis, incluindo desde bens materiais até serviços ou mesmo ideias, gerados pelo projeto;
- *finalidade*: os objetivos maiores do projeto, o que será beneficiado ou modificado se e quando o objetivo do projeto for atingido. Algumas convenções dão à finalidade a denominação "propósito"; outras, "objetivo maior" ou "objetivo amplo";
- *objetivo*: aquilo que será alcançado quando o projeto estiver concluído. Algumas convenções dão ao objetivo a denominação "propósito"; outras, "finalidade específica"; outras, ainda, "objetivo geral";

- *metas*: para a maioria das convenções, e assim utiliza-se o termo aqui, as metas são objetivos intermediários quantificáveis.

Definição do produto

Produto é uma tradução do termo em inglês *output*, sendo o termo em português menos impreciso do que os encontrados na literatura sobre projetos. Os equivalentes são: resultados, saídas e similares. O objetivo do projeto, muitas vezes, é expresso de forma distinta da que indica o produto; outras vezes se confunde com ele.

> **EXEMPLO**
>
> A definição de produto fica mais clara utilizando-se exemplos, como um projeto de intervenção em um centro de saúde municipal que tem como produto "o centro reestruturado". Nesse caso, o objetivo do projeto – reestruturar o centro – e o produto – centro reestruturado – são praticamente a mesma coisa. Outro caso seria um projeto de cálculo de viabilidade de um espetáculo cultural, em que o produto será a viabilidade calculada e o objetivo será verificar em que condições a iniciativa é viável.

Um projeto é, basicamente, a descrição dos recursos e dos passos necessários para se alcançar um determinado objetivo. Quando o produto não é determinado, não é identificável e explicável para qualquer um; quando não informa sobre a origem, a quantidade e a qualidade dos recursos; quando não ficam claras as etapas e a forma como esses recursos serão aplicados, é possível ter boas intenções, é possível ter ambições viáveis, mas não se tem um projeto.

O que caracteriza em primeira instância o projeto é seu objetivo, único e preciso: o "produto", aquilo que estará realizado quando o projeto estiver concluído. Se o objetivo é nebuloso ou difuso, não será possível determinar os objetivos intermediários, as metas que, somadas, irão viabilizar a iniciativa. Se forem vários os produtos, fica difícil precisar a linha mestra, o caminho crítico do projeto.

> **DICA**
>
> Um truque útil para verificar se o produto está bem-definido: o produto deve sempre poder ser expresso no particípio passado – tal ou qual coisa estruturada, uma viabilidade calculada etc. Ou seja, o produto deve expressar alguma coisa concluída, pronta.

> **EXEMPLO**
>
> Em muitos projetos da área cultural, ficaria inviável uma declaração de que uma pesquisa poderá resultar neste ou naquele achado ou de que, por exemplo, a reconstituição de uma partitura revelará tal peça de estilo completamente desconhecida. Isto só se saberá ao término dos trabalhos, da investigação. Como, então, dimensionar o projeto se o produto, o objeto para o qual tendem os esforços, não pode ser antecipado? Através da fixação do tempo, da duração de transcurso. Por vezes, os projetos culturais se aproximam das situações encontráveis em investigações científicas, projetos nas áreas das ciências puras. Em ciência pura ninguém espera que se declare *a priori* e precisamente a meta final de uma investigação. Ninguém pode pretender uma definição do tipo: "nossa intenção é a de descobrir a enzima X com tais e tais propriedades...". Projetos dessa natureza, sejam científicos ou culturais, são dimensionados pela declaração de seus limites, dos recursos que serão colocados à disposição de um esforço, do tempo requerido pela tentativa de alcançar um determinado objetivo.

Ao declarar antecipadamente a duração de um projeto, ainda que não seja possível precisar exatamente a qualidade e a quantidade de suas metas, tem-se um ponto de partida para o dimensionamento dos recursos que serão utilizados, uma base para formular a sequência de atividades e estimar seus custos. Por isso, logo a seguir à declaração do produto, a duração aparece como segunda determinante técnica do projeto. Diferentemente de outras formas de organização do trabalho, um projeto tem um limite, uma data, em que estará concluído e deixará de existir. Os projetos têm, por definição, um limite, um momento para o qual tendem. E este momento futuro, único, deve ser determinado *a priori*, quando da sua elaboração, considerados os tempos necessários à conclusão de cada uma das etapas que os constituem.

Já a finalidade do projeto é aquilo a que o objetivo serve. No exemplo em que o projeto tem como produto um centro de saúde restaurado, a finalidade última da reestruturação, o seu propósito, poderá ser a diminuição de custos da organização. No exemplo do cálculo de viabilidade, a finalidade do projeto poderá ser algo como a expansão dos serviços prestados. Essa questão será mais amplamente discutida quando estudarmos a matriz lógica do projeto. O importante, agora, é fixar o produto, o objetivo e as finalidades, pois as técnicas de configuração de projetos simplesmente não se aplicam a produtos mal-definidos.

Capítulo 2

Estrutura do projeto

Neste capítulo destacaremos o percurso técnico necessário para o alcance de uma primeira visão geral da configuração de um projeto. Abordaremos o marco lógico que o conforma em seus contornos mais amplos e priorizaremos o enfoque a partir de uma perspectiva sistêmica da inserção do projeto no complexo cenário da esfera pública. Constataremos, ainda, que um projeto não tem uma existência isolada, mas relaciona-se com outras estruturas e outras atividades e é parte do ambiente que o rodeia. Conheceremos, também, o que representa a cultura do projeto.

Matriz de estrutura lógica

Identificado o produto, chega o momento da aplicação de um instrumento fundamental na configuração de projetos: a matriz de estrutura lógica. Ao preencher a matriz, critica-se o trabalho feito anteriormente e ordena-se o que ainda resta por fazer. Isto é, a matriz denuncia um problema mal-individualizado, um produto mal caracterizado, um objetivo mal-definido. A matriz de estrutura lógica também recebe várias denominações: marco lógico do projeto, matriz lógica do projeto, matriz de regulação, entre outras. Qualquer que seja a linha de trabalho, a matriz, ou uma de suas formas, é utilizada como instrumento central de configuração.

> **CONCEITO-CHAVE**
>
> A matriz de estrutura lógica é um gráfico que resume as condições gerais de um projeto e destina-se a:
> - permitir uma visão imediata, não detalhada, do objeto, intenções e condições do projeto;
> - fixar critérios e meios de verificação de recursos e metas;
> - indicar as premissas e condições externas ao projeto.

QUADRO 2: MATRIZ DE ESTRUTURA LÓGICA DO PROJETO

	Descrição	Indicadores	Meios de verificação	Pressupostos
Finalidades				
Objetivo				
Metas				
Recursos				

No sentido vertical a matriz informa sobre:

- *finalidade*: o objetivo global, a política, em que o projeto se insere;
- *objetivo/produto*: o propósito do projeto, o que será alcançado quando o projeto estiver concluído;
- *metas*: os diversos produtos intermediários. Devem, sempre que possível, ser expressos quantitativamente;
- *insumos*: os recursos necessários à obtenção do produto.

No sentido horizontal, a matriz contém:

- uma descrição sumária do projeto;
- os indicadores de desempenho;
- os meios de verificação, isto é, os instrumentos e documentos de aferição dos indicadores;
- os pressupostos, ou seja, situações e fatores externos que, estando fora do controle e influência do projeto, podem alterar sua condição de viabilidade.

A matriz de estrutura lógica é um instrumento de verificação geral. Pode e deve ser reformulada quantas vezes forem necessárias. O único método seguro para seu preenchimento é o de aproximações sucessivas, iniciando sempre da esquerda para a direita e de cima para baixo. Ou seja, inicia-se o preenchimento da matriz descrevendo sucintamente a finalidade do projeto. Procura-se, sempre que possível, relacioná-la a uma política vigente e a uma situação de consenso. A finalidade é aquilo a que o projeto serve. Em uma empresa, deve estar ligada a uma estratégia ou a um plano estratégico. No setor público, a uma política ou a políticas de governo. Em seguida, transcreve-se o objetivo, ou seja, os efeitos esperados quando o projeto estiver concluído, lembrando que o objetivo contribui para alcançar a finalidade. Já as metas, irão constituir os indicadores de progresso e de consecução do projeto. Por isso, devem, necessariamente, ser mensuráveis. As metas devem ser expressas em termos de volume, comprimento, grau, alcance, dimensão, tamanho, largura, altura ou qualquer medida que permita efetuar cálculos e comparações. Algumas das metas já estão descritas na parte inferior da árvore de objetivos. O procedimento aqui é de transposição, de crítica – deve-se eliminar ou corrigir metas que não sejam quantificáveis – e de complementação, com a adição de metas que não figuram na árvore de objetivos. Os recursos necessários ao projeto descrevem os insumos ou aquilo que é preciso para que cada meta possa ser alcançada. Devem ser expressos em termos de recursos humanos, materiais, intangíveis e financeiros.

> **COMENTÁRIO**
>
> Muito embora a matriz reflita apenas uma visão genérica dos recursos a serem alocados ao projeto, ela é preparatória para a pormenorização das atividades. Isso quer dizer que, embora nessa etapa da modelagem não seja necessário especificar cada recurso, quanto maior o rigor do preenchimento agora, tanto mais facilitadas ficarão as tarefas de detalhamento de atividades, de elaboração dos planos de recursos humanos, de bens tangíveis e intangíveis e de preparação do orçamento. Essa é a primeira aproximação no que diz respeito aos recursos, e é apenas uma tentativa. Não é o caso de se preocupar com detalhes; trata-se de estimativas, apenas. Devem ser dadas respostas a questões simples, do tipo: serão necessários gestores públicos? Serão necessárias instalações físicas? Haverá necessidade de manter dinheiro vivo para pequenas despesas? Qual a capacidade de armazenamento de dados que será necessária?

Preenchida a primeira coluna da matriz, agora chega-se à segunda, referente aos indicadores do projeto. Os indicadores devem se constituir em prova de que a finalidade, o objetivo e as metas foram alcançados; são dispositivos que fornecem medidas e dão informações sobre:

- qualidade (especificação);
- quantidade;
- duração;
- grupo/instituição-alvo;
- local, entre outras.

Um bom indicador deve ser:
- objetivamente verificável;

- essencial;
- diretamente imputável ao projeto;
- diferençável dos indicadores dos demais níveis.

> **EXEMPLO**
>
> O objetivo do projeto considerado é o de recuperar documentação musical, e o produto é uma quantidade X de partituras recuperadas, ordenadas, catalogadas e arquivadas. O indicador desse exemplo deve conter:
>
> - *quantidade*: número e dimensão das partituras;
> - *qualidade*: peças únicas, cópias, transcrições etc.;
> - *duração*: de x de maio a y de agosto;
> - *local*: armário Z da igreja W em...
>
> Os indicadores de finalidade podem ser mais genéricos, desde que seja possível mensurá-los ou indicar sua qualidade. Finalidades vagas, do tipo "desenvolver o nível cultural" não podem ser medidas nem mesmo estimadas – o que é "desenvolver"? Se elas ainda constarem da descrição, devem ser modificadas. Os indicadores de metas têm, necessariamente, que ser medidos. Se a meta não puder ser medida, ela foi mal-definida e deve ser revista. Os indicadores de insumos são as unidades de medida e as quantidades necessárias de um determinado recurso. Por exemplo: "x homens/hora de técnicos em conservação".

Completada a coluna referente aos indicadores, passa-se à referente aos meios de verificação, que são as fontes de informação sobre eles, isto é, a forma como vêm expressos os indicadores. Exemplos:

- estatísticas;
- observações;
- sondagens de opinião;
- entrevistas com beneficiários;
- documentos e publicações oficiais;
- jornais e revistas.

De nada adianta ter indicadores se o acesso a eles é difícil ou muito caro. Os meios de verificação devem ser facilmente acessíveis e não devem onerar demasiadamente o projeto. Mas é imprescindível que esses meios estejam claramente listados. Sobre esse ponto, os financiadores e patrocinadores de projetos costumam ser, com razão, extremamente severos. Isso porque grande parte do cumprimento das promessas contidas nas finalidades, objetivos e metas simplesmente não é passível de verificação. Algumas vezes, porque os meios de verificação são inexistentes, como no caso de estatísticas supostamente fornecidas por órgãos oficiais. Outras, porque encerram custos que devem ser, mas usualmente não são, previstos no projeto, como no caso da repercussão em órgãos de imprensa, cuja verificação, a cargo de empresas especializadas, costuma ser bem dispendiosa.

Da última coluna da matriz devem constar os pressupostos de cada um dos itens nas linhas. Os pressupostos são as condições necessárias e suficientes, externas ao projeto, para que a finalidade, o objetivo e as metas sejam alcançados e para que os insumos estejam disponíveis. Eles são deduzidos a partir dos itens anteriores, mediante resposta a questões do tipo: o que, fora do projeto, pode impedir que essa meta seja alcançada, ou que aquele recurso seja disponibilizado, ou...? O pressuposto deve sempre ser expresso em termos positivos. Por exemplo: "O governo manterá a atual política referente ao apoio ao teatro itinerante". Deve fazer parte da descrição dos pressupostos o grau de probabilidade – estimativa – de que ocorra.

Os pressupostos constituem uma das bases para a análise de risco do projeto. Por isso, é preciso atenção para o caso em que o pressuposto seja impeditivo para o projeto como um todo. Duas atitudes podem ser originadas pela análise crítica dos pressupostos. A primeira, mais óbvia e menos rara do que se pensa, é o abandono ou modificação radical do projeto devido a barreiras detectadas nessa etapa da configuração. Pressupostos de alta probabilidade e negativos para o projeto podem, e devem, determinar seu abandono. A segunda é a inclusão, no projeto, de atividades que diminuam o risco de ocorrência de pressupostos desfavoráveis. Um exemplo disso é a inclusão de atividades "políticas", isto é, não essenciais ao projeto, com o fato de cativar audiências, formadores de opinião e autoridades.

Os pressupostos compreendem restrições e premissas. As restrições são fatores que limitarão as opções do projeto, como um orçamento predefinido, cláusulas contratuais, legislação etc. As premissas são fatores cuja ocorrência é considerada necessária para fins do projeto como a disponibilidade de um determinado recurso, uma autorização de instalação, *outputs* de outros projetos, por exemplo.

Contexto do projeto

O projeto não tem existência isolada. Ele se relaciona com outras estruturas e outras atividades. Ele integra e é parte do ambiente que o rodeia. Os passos seguintes discutirão a inserção sistêmica, a inserção socioeconômica e a inserção institucional do projeto.

A abordagem sistêmica tem sido largamente empregada na administração de projetos desde os anos 1970. Sua origem é a teoria geral dos sistemas, desenvolvida durante a primeira metade do século XX, principalmente pelo biólogo Ludwig von Bertalanffy.

Nos anos seguintes, esta abordagem se generalizou e, hoje, encontra-se incorporada à maioria das técnicas e práticas de configuração, gestão e avaliação de projetos. A ideia norteadora é a de que existem propriedades de elementos que formam sistemas, isto é, que não podem ser desagregados de um todo inteligível, sob pena de descaracterizá-lo. Existiriam sistemas simples – como as máquinas – e sistemas mais complexos – como o sistema biológico e o sistema social. Existiriam sistemas fechados, que sofrem pouca ou nenhuma interferência do ambiente que os circunda, como existiriam sistemas abertos, altamente permeáveis a influências externas. Os sistemas de todos os tipos formariam um *continuum,* que ofereceria um universo de possibilidades de descrição. Uma série de propriedades pode ser derivada dessas premissas teóricas. Por exemplo, os sistemas existem dentro de sistemas maiores – macrossistemas ou supersistemas –, os sistemas podem ser subdivididos em sistemas menores – subsistemas –, os elementos que compõem um sistema podem ser de natureza diferente, isto é, os órgãos de um corpo, com funções especializadas e estrutura diferenciada, são elementos do sistema "corpo", são funcionais em relação ao sistema "corpo" como um todo.

TEORIA GERAL DOS SISTEMAS

Desenvolvida pelo cientista Ludwig von Bertalanffy na década de 1930 e aplicável a diversas áreas da ciência. Observa que cada sistema é composto por subsistemas ou componentes e está integrado em um macrossistema. O todo formado por um sistema é superior à mera soma das partes que o constituem. É preciso utilizar abordagens de natureza generalista, holística ou interdisciplinar para melhor estudo dos diversos sistemas.

BIÓLOGO LUDWIG VON BERTALANFFY

Criador da teoria geral dos sistemas. Graduado em biologia, interessou-se desde cedo pelos organismos e pelos problemas do crescimento. Seus trabalhos iniciais datam dos anos 1920 e versam sobre a abordagem orgânica. Com efeito, não concordava com a visão cartesiana do universo. Imprimiu, então, uma abordagem orgânica à biologia e tentou fazer com que aceitassem a ideia de que o organismo é um todo maior que a soma de suas partes. Criticou a visão de que o mundo é dividido em diferentes áreas, como física, química, biologia, psicologia etc. Ao contrário, sugeria que sistemas devem ser estudados globalmente, de forma a envolver todas as suas interdependências, pois cada um dos elementos, quando reunido aos demais na constituição de uma unidade funcional maior, desenvolve qualidades que não se encontram em seus componentes isolados.

Trazida à prática, a "abordagem sistêmica" gerou uma riqueza imensa de possibilidades e um avanço espetacular na ciência da administração. Ao definir as organizações como sistemas, tendo em conta que um sistema é *um conjunto de elementos harmonicamente relacionados que operam em direção a um fim,* a abordagem sistêmica possibilitou a integração dos vários ramos do conhecimento sobre as organizações, que até então haviam se acumulado independentemente. Ao encarar o projeto como um sistema, percebe-se o mesmo como:

- um todo funcional, dirigido a um objetivo;
- formado por um conjunto de elementos que devem atuar harmonicamente.

Consideramos, além disso, que o projeto conforma um tipo especial de sistema, que é:

- autogerido e autocorrigível – tecnicamente, um sistema cibernético;
- um subsistema, isto é, um integrante de sistemas maiores – macrossistemas, como uma organização –, ou maiores ainda – como o setor cultural etc.;
- um sistema aberto às mais variadas influências e riscos.

O gráfico da figura 1 mostra o sistema-projeto com as designações mais comuns para seus elementos essenciais, descritos em seguida:

FIGURA 1

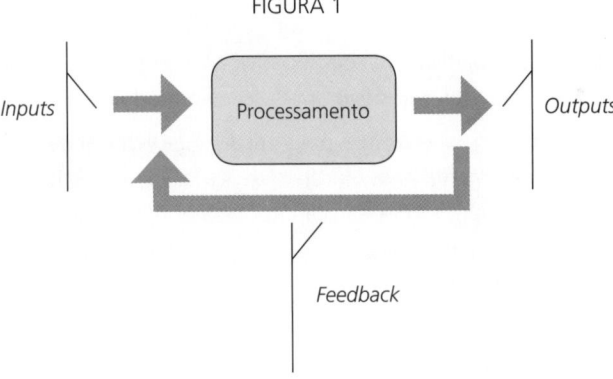

- *elementos de entrada:* a entrada, *input*, insumo ou recurso é o que fornece energia e material para a operação do sistema. No projeto, os elementos de entrada são constituídos pelos recursos financeiros, humanos, materiais e intangíveis que alimentam as atividades. As atividades, que são as unidades básicas do projeto, podem ser agrupadas na forma de subsistemas;
- *elementos de saída*: saída, *output*, resultado, produto é o que o projeto irá gerar. A descrição do produto/serviço deve compreender sua ligação com os sistemas maiores aos quais o projeto serve, isto é, deve compreender a descrição das finalidades do projeto. Fazem parte da descrição dos elementos de saída os usuários ou beneficiários do projeto;

- *processamento*: o processamento é o mecanismo de conversão de entradas em saídas. É o que ocorre entre o início e o fim do projeto. O processamento mediante o estudo da sequência de atividades será visto mais adiante. Os limites do projeto são dados pelo conjunto das fases e atividades que o compõem;
- *feedback*: retroação, retroinformação ou retroalimentação é a função que os sistemas cibernéticos – os sistemas com capacidade de se autocontrolar – têm de comparar a saída ou produto com padrões previamente estabelecidos e de informar ao próprio sistema sobre sua qualidade, quantidade, intensidade etc. Os desvios verificados alimentam os esquemas de autocorreção do sistema.

Em um projeto adequadamente configurado, os parâmetros de um sistema-projeto devem poder ser perfeitamente identificados e criticados: *input*, *output*, processamento e *feedback*.

A análise sistêmica do projeto indicará as modificações e os aperfeiçoamentos necessários. Os itens que compõem a análise sistêmica do projeto são:

- *funcionalidade*: como um caso especial – um sistema definido de forma diferenciada dos outros sistemas organizados –, o projeto tem um único produto. Os elementos que compõem o sistema-projeto devem, portanto, ser funcionais em relação a esse objetivo. Ou seja, as atividades previstas e os elementos que as compõem devem ser funcionais em relação ao produto do projeto;
- *organicidade*: uma das formas mais eficazes de verificar se um dado elemento contribui efetivamente para o projeto deriva da característica de globalidade ou totalidade do sistema. Por definição, todo sistema é orgânico; isto significa dizer que toda ação que promova uma mudança em um dos seus elementos afetará o sistema como um todo;
- *integridade*: quando estudamos sistemas já existentes, o processo de transformação é considerado uma "caixa negra", isto é, comparamos as entradas com as saídas – como nas análises de custo x benefício – sem nos ocuparmos dos processos de transformação. Na configuração de projetos em que necessariamente temos de descrever o processo – a sequência de atividades –, as verificações são úteis para checagem da economicidade das fases ou subsistemas em que essas atividades podem ser agrupadas;
- *harmonia*: a harmonia é o equilíbrio dinâmico entre as partes do sistema. Aqui temos duas linhas de verificação. A primeira está referida ao equilíbrio total do sistema-projeto, isto é, se um peso maior não recai sobre um ou sobre um grupo de elementos. A segunda deriva do fato de que um sistema-projeto deverá ter condições de se adaptar para alcançar um equilíbrio interno em face de mudanças externas;

- *autocorrigibilidade*: os esquemas de autocorreção dos projetos são constituídos pelos processos de realimentação (*feedback*), isto é, pelo retorno de informações geradas pelo próprio projeto, como as informações contábeis, que permitem aos administradores verificar seu andamento e estabelecer correções de rumo;
- *adaptabilidade*: enquanto sistema aberto, o projeto está sujeito às mais variadas influências. O intercâmbio com o meio que o circunda, através dos *inputs* e *outputs*, constitui-se apenas na face visível dessas influências. Essa permeabilidade deve permitir que, mediante os esquemas de autocorreção, o projeto seja adaptado continuamente, reajustando-se às condições do meio.

A análise sistêmica se completa com o estudo da inserção do projeto. Por definição, o projeto, como qualquer sistema, é um subsistema de sistemas maiores. Isto significa que seu produto-objetivo deve contribuir para a consecução do objetivo do sistema em que se insere. Nessa perspectiva, a descrição das finalidades constantes da matriz de estrutura lógica nada mais é do que o relato da contribuição prevista a esses sistemas maiores ou macrossistemas. Um projeto inserido em uma organização pública terá seu produto-objetivo referido diretamente aos objetivos dessa organização. O produto de um projeto de desenvolvimento cultural deverá constituir-se como contribuição ao esforço de produção da organização que o abriga. Já um projeto na área social, por exemplo, a instalação de um posto de saúde em uma região de baixa renda contribuirá para o objetivo do sistema de saúde da região e do país.

A análise de sistemas se complica quando se considera que um projeto, mesmo tendo um único produto, pode ser parte integrante de dois ou mais subsistemas. Isso pode se dar por dupla integração – um projeto em uma escola integra o sistema-organização escola e, por extensão, o macrossistema educacional. Mas pode se dar com macrossistemas diferenciados – um projeto de saneamento em uma região rural realizado por uma unidade militar integra os macrossistemas de extensão rural, de saúde, de desenvolvimento regional e, naturalmente, das Forças Armadas. A análise de sistemas na fase de configuração deve verificar se as relações entre o projeto e esses vários macrossistemas encontram-se indicadas com precisão.

EXEMPLO

O gráfico da figura 2 mostra as inserções mais importantes de um projeto de recuperação de produção artesanal em uma região de baixa renda.

FIGURA 2

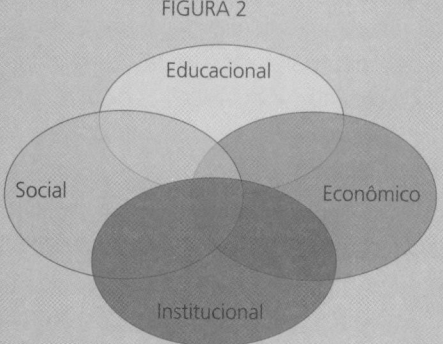

Uma questão aparentemente simples, mas que muitas vezes não é respondida satisfatoriamente, é a de precisar a que macrossistema o projeto serve prioritariamente. A maioria dos projetos declara uma dupla ou tripla filiação. Mas este expediente constitui uma das mais graves falhas técnicas da modelagem. As técnicas e estruturas aplicadas a projetos têm um sentido único. Um projeto tem de, necessariamente, ter um único objetivo, e este objetivo deve, também necessariamente, ser útil prioritariamente a um único sistema. De outra forma, não teríamos como estabelecer suas preferências internas. Se o foco do nosso projeto for a recuperação econômica regional, teremos de considerar, além da introdução de tecnologias apropriadas, outras iniciativas que possam ser mais interessantes do ponto de vista econômico. Se, por outro lado, a primazia for social, a economicidade do projeto deve ser medida em função dos benefícios sociais, isto é, deve ser secundária em relação aos benefícios comerciais, e assim por diante.

COMENTÁRIO

Não é possível, tecnicamente, que o projeto tenha múltiplas prioridades. Alegações dessa natureza revelam que ou o projeto é tecnicamente incorreto ou não tem um sentido preciso. Ao estudar a inserção sistêmica do projeto, é fundamental levar em conta essas variáveis. As finalidades declaradas na matriz de estrutura lógica devem, portanto, ser revistas em função do macrossistema ao qual o projeto serve prioritariamente. Isto permitirá orientar de forma econômica os processos internos ao projeto e, principalmente, situá-lo no contexto em que se desenvolverá.

Para todo projeto é importante tentar prever externalidades não só econômicas, como também nos campos político, institucional, organizacional, social, tecnológico e cultural. Além das condicionantes socioeconômicas, o projeto sofrerá influências dos valores circundantes e criará sua própria microcultura. Embora seja difícil determinar com rigor que o projeto se desenvolverá neste ou naquele ambiente, é útil tentar conhecer os traços principais da sua cultura, tanto no sentido de evitar barreiras, problemas e dificuldades, como no de incorporar vantagens e oportunidades.

Cultura do projeto

A cultura do projeto representa valores, crenças e práticas que as pessoas nele envolvidas compartilham. Desde a configuração até o término das atividades, os que participam do projeto irão conviver com uma série de organizações, grupos e pessoas que podem ou não compartilhar os mesmos valores e crenças e que, de uma forma ou de outra, exercerão algum poder sobre o projeto. Dado o caráter efêmero de que se reveste, a análise do impacto cultural do projeto visa adaptá-lo à realidade político-social em que as atividades serão desenvolvidas. As análises da cultura e dos sistemas de poder, baseadas nas categorias da antropologia, têm um caráter eminentemente pragmático: visam advertir sobre possíveis barreiras ao andamento e, simultaneamente, encontrar a melhor forma de lidar com os traços da cultura e com os esquemas de poder em que ele se desenvolverá. Os aspectos a serem considerados nessa análise são:

- a cultura do projeto – seu ambiente interno;
- o projeto na cultura circundante – o ambiente externo ao projeto;
- a forma como o poder é exercido nesse ambiente.

A análise da cultura em que o projeto se insere (ambiente externo) considera o ambiente imediato (operacional), as expectativas, os valores sociais e, principalmente, as forças políticas que atuam sobre ele. Além dos pontos acima, é importante identificar as condicionantes do ambiente operacional, que pode:

- ser incerto;
- ser adverso;
- estar em mudança;
- encontrar-se estagnado;
- estar progredindo em termos econômicos.

As expectativas em relação ao projeto derivam:

- da tradição;
- da imagem projetada;
- do impacto sobre a comunidade – ambiente, empregos e outros elementos;
- dos valores sociais dominantes no contexto do projeto, especialmente fatores como a atitude em relação ao meio ambiente, a linha ideológica majoritária etc.

O estudo das relações sistêmicas do projeto oferece uma forma de entendimento da articulação entre suas instâncias interiores e exteriores. Fornece, também, uma linguagem comum aos diversos níveis de análise. A análise geral do ambiente em que ele se desenvolverá permite uma visão antecipada de barreiras a serem evitadas e, também, de oportunidades a serem aproveitadas. A análise da inserção econômica dá maior rigor e precisão técnica ao projeto. Setores econômicos diferentes exigem análises de inserção diversas. Conforme a envergadura do projeto, essas análises podem ser muito complexas e dependerem de estudos especializados e, até, de consultorias. Mas para a maioria dos projetos culturais é possível proceder a estudos básicos que considerem:

- a inserção do projeto em planos, programas e linhas de apoio e financiamento;
- o impacto econômico-social do projeto;
- os efeitos e externalidades sofridos e provocados pelo projeto.

O exame da relação entre o projeto e outras instâncias de planejamento deve responder à questão de como o projeto contribui para um programa maior ou uma diretriz político-institucional. Para responder essa questão, parte-se da matriz de estrutura lógica, acrescentando dados e informações sobre planos, programas e sistemas de apoio institucional a projetos culturais. O termo "programa" tem sido utilizado indiferentemente para significar atividades continuadas ou grandes projetos. Tecnicamente, no entanto, entende-se por programa uma atividade integrada, limitada no tempo e constituída por um grupo de projetos. O importante, no que se refere à inserção de projetos em programas, é a fixação de produtos, a análise de pressupostos e análise de efeitos e externalidades.

Na determinação do produto, é preciso esclarecer sua posição em relação aos demais projetos. O produto pode aparecer como insumo, como componente do objetivo geral, e assim por diante. Inversamente, na análise de pressupostos, há que considerar em que medida os produtos de outros projetos constituem-se premissas para aquele que se encontra em configuração. Um projeto que dependa diretamente de outro adiciona o risco a ele inerente ao risco do projeto do qual depende. Outro aspecto importante em projetos que integram programas maiores é o da divisão proporcional dos investimentos. Isto porque uma parte dos investimentos pode, e muitas vezes deve, ser comum aos vários projetos.

Alguns autores norte-americanos admitem que o projeto possa ter mais do que um objetivo, desde que tais objetivos sejam definidos com precisão. Essa opção alarga o campo de aplicação dos projetos, mas restringe substancialmente o número e a confiabilidade das técnicas a ele associadas. Por esse motivo, segue-se a tendência majoritária, principalmente a europeia, de vincular o projeto a um único objetivo. Nessa ótica, a consecução de objetivos múltiplos é obtida pela realização de multiprojetos ou projetos integrados. Os projetos que compõem o programa podem ser coordenados de duas maneiras. Se ocorrem paralelamente, dirigem-se a um mesmo fim, mas são independentes uns dos outros, diz-se que o programa se dá por multiprojetos, que são frequentes quando uma grande área geográfica ou quando públicos diferentes precisam ser atendidos simultaneamente.

FIGURA 3

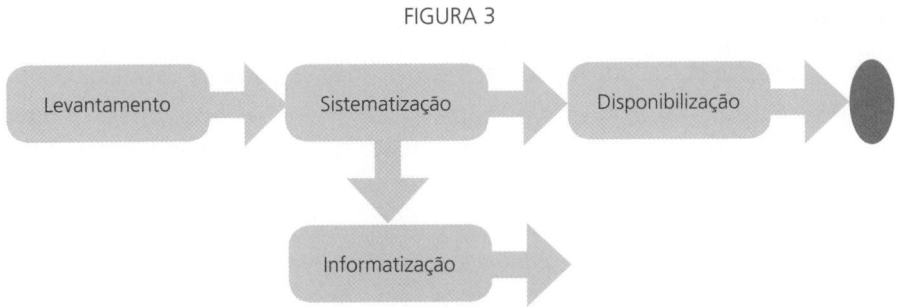

Se os projetos ocorrem sequencialmente, havendo uma interdependência entre eles, embora sejam diferentes uns dos outros, temos o que se chama de "projetos integrados", que podem ser sequenciados linearmente ou não.

O exemplo clássico de projetos integrados é o de programas de desenvolvimento rural. Nesses programas, projetos de extensão rural, assentamento, titulação de terras, cooperativismo e outros, que têm naturezas bem diferentes, mas são interdependentes, são integrados em um fim único, por exemplo, o desenvolvimento de uma região dada.

FIGURA 4

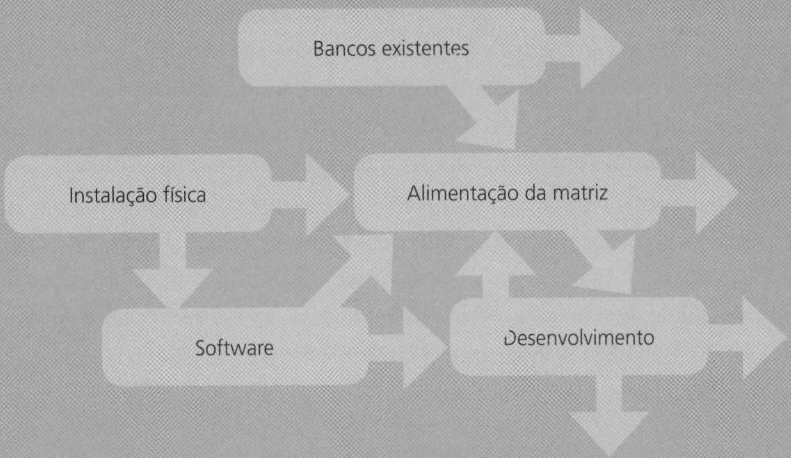

Além dos órgãos governamentais, muitas instituições e empresas oferecem linhas de financiamento e outras formas de apoio a iniciativas de interesse público. Uma parte deste apoio é direta, isto é, destina-se especificamente a financiar ou amparar iniciativas na área de cultura, educação, esporte e saúde. Outra parte deriva de planos e programas de aperfeiçoamento de mão de obra, de geração de empregos, de desenvolvimento regional, de proteção ambiental e de outros setores. Os elementos essenciais para uma descrição breve da inserção em planos, programas e linhas de apoio podem ser obtidos em publicações institucionais, em órgãos governamentais locais e, em muitos casos, diretamente nos *sites* das instituições públicas.

Impacto econômico-social

A discussão do impacto econômico provável do projeto envolve uma descrição sumária da evolução e da situação da economia da região e do setor. Artigos em publicações especializadas, órgãos governamentais e de pesquisa fornecem dados e indicadores decisivos para a qualidade dessa análise, que deve contemplar os seguintes aspectos:
- histórico da evolução e da situação atual da economia da região ou do segmento em que o projeto irá atuar;
- argumentação sobre a propriedade da inserção do projeto, considerada a "vocação econômica" da região ou do segmento;
- argumentação sobre o projeto enquanto supressor de carências econômicas da região ou do segmento.

O exame dos efeitos e das externalidades tem como propósito determinar:
- os benefícios indiretos, internos e externos, auferidos e gerados pelo projeto;
- os custos indiretos, internos e externos, auferidos e gerados pelo projeto, e alimentar a análise dos riscos que o ameaçam e a forma de diminuí-los.

Efeitos são ocorrências positivas e negativas, gerados diretamente pelo projeto. Entre os efeitos gerais, os de ligação – que relacionam o projeto com outros produtos e com outros projetos – são os que requerem maior atenção. São considerados parte dos custos e benefícios secundários, isto é, não ligados à taxa de retorno dos projetos comerciais ou à utilidade dos projetos com fins sociais. No terreno dos efeitos cabe destacar:
- *efeitos para frente* são os que ocorrem posteriormente à realização do projeto e que criam situações novas, isto é, não pré-existentes. Por exemplo, em um projeto pode ser necessário treinar pessoas sem que isto seja seu objetivo primordial. Mais tarde, concluído o projeto, essas pessoas, graças ao treinamento recebido, podem ser aproveitadas em outros projetos e organizações.
- *efeitos para trás* são os que modificam situações pré-existentes ao projeto. Por exemplo, quando a realização de um projeto traz melhorias nas redes de distribuição de produtos não industrializados, sem que esse fosse seu objetivo. Em se tratando de efeitos para trás negativos, os casos mais discutidos atualmente são as agressões ao meio ambiente provocadas por projetos industriais.

Externalidades são ocorrências positivas ou negativas, auferidas ou geradas indiretamente pelo projeto, e diferem dos efeitos à medida que as externalidades estão referidas a fatos e ocorrências que se encontram inteiramente fora da possibilidade de controle e influência do projeto. Um exemplo de externalidade auferida é o aparecimento de uma nova tecnologia ou de um novo processo produtivo que, sendo positivo, acelera a instalação de um projeto em curso ou, sendo negativo, torna-a desnecessária. Um exemplo de externalidade gerada é a mudança na estrutura de poder em uma região, como a ascensão ou a queda de um grupo político, devido ao número de pessoas de outras regiões que podem ser trazidas para trabalhar em um dado projeto.

A análise do contexto, que se inicia com o entendimento do projeto enquanto subsistema, se completa com o exame da inserção institucional do projeto. Para responder à questão de como o projeto se insere no ambiente institucional, é necessário analisar:

- as forças políticas;
- o tipo e características de gestão dominantes, o que permite elaborar uma memória das condições político-institucionais do projeto.

A inserção no sistema de poder é um dos fatores determinantes para a aceitação e a viabilidade do projeto. O fundamental no estudo do impacto político é que fique claro quem será beneficiado e quem será prejudicado. Uma situação, conhecida de todos, mas muitas vezes esquecida, é a aversão de dirigentes políticos a apoiar projetos que irão beneficiar seus adversários ou que tenham conclusão prevista para além do tempo do seu mandato. A análise básica das forças políticas que atuam sobre o projeto implica dar conta de indagações sobre as fontes de poder, internas e externas, e sobre o tipo, a origem e os meios de pressão a que o projeto possa ser submetido. Apresentam-se, a seguir, sugestões sobre os itens que devem constar de uma memória das condições políticas do projeto. As fontes de poder internas da organização matriz do projeto, e que podem ser exercidas sobre ele, compreendem:

- as fontes hierárquicas formalmente estabelecidas;
- as informais, como as lideranças carismáticas ou tradicionais;
- os controladores de recursos;
- os detentores do conhecimento técnico;
- os detentores internos de elos externos à organização – elos políticos, elos econômicos, relações com negociadores, relações com vendedores, entre outros.

As fontes de poder externas com maior potencial de interferência sobre o projeto compreendem:

- os elos societários – grupos, organizações, indivíduos – com os quais a organização matriz do projeto mantém relações de dependência;
- os controladores dos recursos, como os monopólios e oligopólios que controlam o fornecimento de determinados materiais, as instâncias governamentais das quais dependem autorizações etc.;

- os beneficiários e usuários futuros do projeto;
- os detentores do conhecimento e dos direitos sobre tecnologias essenciais;
- os detentores externos de elos internos da organização, por exemplo, elos políticos, econômicos, negociadores, fornecedores.

Ao examinar os tipos de pressões estratégicas potencialmente exercidas sobre o projeto devem-se considerar:
- as pressões por maximização econômica, como a contenção ou compensação de investimentos e gastos;
- a aceitação por terceiros da existência e viabilidade do projeto (legitimação);
- as respostas políticas devidas, isto é, a quem interessa ou não interessa a existência do projeto;
- os concorrentes potenciais e existentes no âmbito de atuação do projeto.

A análise das pressões institucionais exercidas sobre o projeto deve estar centrada nas organizações:
- dominantes;
- concorrentes;
- dependentes;
- reguladoras, como as agências governamentais;
- do terceiro setor, principalmente aquelas que podem ter sua atuação afetada pelo projeto.

Finalmente, a análise dos meios utilizados para exercer pressão sobre os projetos deve compreender o exame das coerções:
- normativo-legais, como, por exemplo, as interdições à passagem e às interdições de estabelecimento;
- políticas, derivadas de interesses contrariados, de perspectivas de perda de poder etc.;
- tecnológicas, em geral exercidas pelos detentores de patentes e de propriedade intelectual sobre obras e processos;
- econômicas;
- sociais-comunitárias, que podem chegar ao boicote.

Completa-se a análise institucional do contexto do projeto elaborando um relatório descritivo de sua inserção organizacional. As relações organizacionais e externas ao projeto incluem:

- as relações com a organização que o abriga;
- as relações administrativas internas ao projeto, representadas por sua estrutura organizacional;
- as relações com outras organizações: os fornecedores, os clientes/usuários, os reguladores, os parceiros, entre outros;
- as relações entre as pessoas envolvidas no projeto.

As relações com a organização que abriga o projeto são pautadas por formas diferenciadas de inserção. Elas podem ser classificadas tendo-se em conta a independência relativa à organização ou organizações que patrocinam ou abrigam o projeto, que pode se vincular:

- mediante animação;
- mediante coordenação;
- como parte da organização;
- como organização à parte;
- integrando organizações estruturadas por projetos (organização matricial).

Independentemente da modalidade, o conceito é o mesmo: a unidade, o núcleo, ou a denominação que possa receber, é um projeto. Isto é, deve gerar um produto determinado e tem um ciclo de vida predefinido desde sua origem até sua extinção.

Capítulo 3

Sequência do projeto

Neste capítulo apresentaremos os passos técnicos para a construção de uma rede de atividades que, seguindo uma sequência lógica, fundamente os passos para a consecução do produto a ser gerado pelo projeto. Discutiremos ainda o conceito de rede como um diagrama de setas e retângulos, representando a sequência das atividades, destacando sua importância para a sequência do projeto.

Fases do projeto

Conforme visto, o projeto se define por seu produto, pela sua duração e, finalmente, pelos custos dos recursos que utiliza. A questão da duração tem um papel preponderante na sua configuração. O tempo faz parte do próprio conceito de projeto: *uma sequência de atividades que se dão em um tempo limitado*. Um projeto sempre tem de declarar uma data de início e uma data em que estará concluído, e deixa de existir quando atinge seus objetivos ou quando fracassa em fazê-lo e é abandonado. A duração é dada pelo tempo que medeia entre a data de início e a data em que o projeto se encerra.

Um projeto é formado por um conjunto de ações encadeadas denominadas atividades, e pode ter um número variado delas. Quando o número de atividades é reduzido (10 ou 15), o estabelecimento de sua sequência pode ser feito em um gráfico simples, como o gráfico de blocos, em que são dispostos retângulos com o título da atividade, sua duração e outras informações referentes às relações entre ela e as demais. Mas quando o projeto encerra um número maior de atividades – existem projetos que chegam às centenas – é preciso utilizar os instrumentos de sequenciação para fixar as datas, inclusive a data final do projeto, e estabelecer os fluxos de recursos não só financeiros como humanos, materiais e intangíveis. Quando os projetos são compostos de um número significativo de atividades é conveniente dividi-los em fases que representem um agregado de atividades que compõem os períodos em que se divide o projeto.

A divisão em fases gera uma discussão sobre um dos temas que mais confusões têm gerado na modelagem de projetos. Ocorre que, algumas vezes, as fases são tão extensas e complexas que é melhor dividir o projeto em subprojetos. A criação de subprojetos é bastante simples em termos teóricos, pois trata-se cada fase como se fosse um projeto independente. Mas ao trabalhar com subprojetos há que se atentar para alguns pontos. Um subprojeto difere essencialmente de uma fase. Para merecer tal denominação, um subprojeto deve ter as mesmas características de duração e singularidade de um projeto.

> **CONCEITO-CHAVE**
>
> Um subprojeto gera um subproduto ou um subserviço essencial à consecução do objetivo do projeto do qual faz parte, de forma que a questão fundamental da diferenciação entre fases e subprojetos, isto é, da sucessão de etapas que devem ser cumpridas para que se dê o projeto como concluído, é o princípio que se deve utilizar para dar por concluída uma fase ou um subprojeto. Fases que descrevam atividades que possam ser terceirizadas em bloco – por exemplo, uma fase que inclua a construção de um prédio – podem, e muitas vezes devem, ser descritas como subprojetos.

A vantagem da descrição exclusiva em fases é a possibilidade de equilibrar recursos e tempo em uma visão mais linear e integrada do projeto. A desvantagem é a complexidade administrativa inerente à multiplicidade de atividades simultâneas e, eventualmente, o custo representado pelos recursos alocados aos mecanismos de controle. A vantagem de divisão em subprojetos é possibilitar uma administração mais simples e uma visão modular. A desvantagem é a perda de flexibilidade administrativa e, na etapa de modelagem, o acúmulo de trabalho representado pela necessidade de se idealizar e elaborar vários projetos ao mesmo tempo.

> **FASES DE ABORTAGEM**
>
> Devemos dividir o projeto em fases que correspondam aos subprodutos ou subserviços. Isto é, deve-se dividir o projeto de forma que, ao final de cada fase, um subproduto ou um subserviço esteja disponibilizado. Ex.: fase de contratação; fase de pesquisa etc.

A periodização do projeto deve ser realizada de forma que cada fase inclua um processo autônomo. Fases que incluam muitas atividades devem ser divididas, formando fases menores. O melhor critério para distinção entre as fases ou a constituição de subprojetos é o critério da *abortagem*. A ideia em si é bastante simples: devemos dividir o projeto em fases que correspondam aos subprodutos ou subserviços. Isto é, deve-se dividir o projeto de forma que, ao final de cada fase, um subproduto ou um subserviço esteja disponibilizado.

O esquema de divisão em fases de abortagem tem se mostrado útil, principalmente devido às incertezas na provisão de recursos e aos riscos de descontinuidade dos projetos. Ao utilizar esse critério, uma eventual descontinuidade, seja uma descontinuação do projeto – seja devida ao não cumprimento de compromissos de aporte de recursos, seja devida a outros motivos, como mudanças nas forças do mercado ou nas forças políticas – não determinará a perda total do investimento feito até então. Estabelecida a sequência lógica do projeto, cabe agora voltar para o detalhamento das atividades que o compõem.

> **CONCEITO-CHAVE**
>
> A atividade é a unidade básica do projeto. Cada atividade é uma ação discreta ou um congregado homogêneo de ações referidas à geração ou ao apoio à geração de uma fração do produto. Para definir as atividades faz-se necessário considerar os seguintes fatores:
>
> - *completude*: uma atividade deve representar pelo menos uma ação completa;
> - *descrição*: uma atividade deve poder ser descrita sucintamente;
> - *limites*: os limites devem ser claros, tanto em termos de duração como de custos;
> - *simplicidade*: a atividade deve conter uma ação (um verbo).
>
> O procedimento usual nessa etapa é o de listar livremente as atividades que pareçam necessárias ao projeto.

Duração das atividades

É recomendável relacionar todas as atividades, mesmo que a listagem pareça muito detalhada, e tentar dispô-las aproximadamente na ordem em que devem acontecer. Em etapas posteriores, iremos corrigir e reordenar a listagem.

QUADRO 3: LISTAGEM E DESCRIÇÃO DAS ATIVIDADES

Nº	Atividade	Descrição	Duração
1			
2			
3			
4			
5			
6			
7			
8			
n			

Partindo da listagem inicial, cada atividade deve ser descrita de forma a ser compreendida por quem venha a avaliar e a trabalhar no projeto. Deve ficar claro para o leitor o que será realizado em cada atividade e de que forma. Detalhes técnicos podem ser omitidos, mas deve-se explicitar se, para a realização da atividade, serão requeridos recursos especializados, principalmente recursos humanos. Ao lado de cada atividade descrita, coloca-se sua duração estimada. Para estimar a duração de uma atividade podem ser obtidas informações:

- em memórias de projetos realizados anteriormente;
- em manuais técnicos ou de profissionais especializados, por exemplo, o tempo de maturação de uma cultura ou o tempo necessário para se erguer uma parede de tijolos;
- mediante comparação com atividades similares.

Na impossibilidade do uso dessas informações, os instrumentos de análise de decisão podem reduzir o risco envolvido ao se predizer o tempo necessário à realização de uma atividade. Alguns softwares aceitam e calculam margens de erro na estimação da duração de atividades. Particularmente na utilização de softwares, é essencial que a duração das atividades obedeça a uma unidade-padrão fixa – hora, dia, semana etc. Isto é, se o padrão for dia de oito horas úteis e uma atividade tiver a duração estimada de duas horas, a notação deverá ser 0,25 de dia, e assim por diante.

EXEMPLO

O quadro 4 apresenta um exemplo de quadro de descrição de atividades para a montagem de um curso.

QUADRO 4: DESCRIÇÃO DAS ATIVIDADES

Nº	Atividade	Descrição	Dur.
1	<Pré-montagem>	<Fase anterior>	0d
2	Montar programa do curso	Elaborar a sequência de disciplinas, com títulos, carga horária e perfil dos instrutores.	1d
3	Contatar professores	Verificar disponibilidade e interesse dos professores. Reajustar a programação do curso para contornar dificuldades de agenda.	2d
4	Obter ementa das disciplinas	Solicitar ementa das disciplinas aos professores selecionados, constando de: objetivos, temas e material didático a ser utilizado. Atentar especialmente para a disponibilidade do material didático e dos manuais de treinamento requeridos.	6d
5	Contratar professores	Firmar contrato com os instrutores do curso. Atentar para cláusulas de rescisão devidas a circunstâncias constantes dos pressupostos da matriz de estrutura lógica.	1d
6	Verificar salas de aula disponíveis	Verificar locais disponíveis que atendam às expectativas de conforto – iluminação, mobiliário, equipamento etc. – e de preço dentro dos custos estimados no projeto.	2d
7	Contratar sala de aula	Firmar contrato para utilização das salas de aula. Atentar para cláusulas de rescisão devidas ao não interesse pelo curso e demais circunstâncias constantes nos pressupostos.	0,25d
8	Equipar sala de aula	Providenciar equipamento não fornecido com a sala – equipamentos de audiovisual e outros equipamentos didático-pedagógicos.	3d
9	Verificar condições do entorno	Preparar documento indicando facilidades de estacionamento, alimentação, hospedagem, transporte e comunicações do imóvel da sala de aula e do seu entorno imediato.	2d

As atividades podem ser sequenciadas linearmente ou podem se sobrepor umas às outras. Isto porque existem atividades que podem ser realizadas em paralelo a outras. A sequência de atividades é exposta em redes de relações. O propósito básico da utilização de técnicas de redes é o de concluir o projeto no menor prazo possível e, consequentemente, com custos menores.

Projetos simples, com poucas atividades e fases, dispensam a construção e o cálculo de redes. Se esse for o caso, pode-se passar diretamente à elaboração do cronograma, constante no passo seguinte. Para projetos de envergadura maior, que excedam 15 atividades, a visualização da sequência é imprescindível à economia interna do projeto, à elaboração de cronograma e ao cálculo orçamentário, por exemplo. Para projetos com 30 ou mais atividades ou para projetos em ambiente organizacional digitalizado, é recomendável a utilização de softwares especializados. Mas mesmo nesses casos, é essencial a elaboração de um rascunho que oriente a alimentação dos quesitos requeridos pelos programas. Em síntese, os passos necessários à montagem de uma rede básica, indicados a seguir, são obrigatórios para projetos de qualquer tipo.

> **REDES DE RELAÇÕES**
>
> Técnicas de rede. O Pert baseia-se em técnicas de redes utilizadas durante a II Guerra Mundial. Na forma atual, foi desenvolvido pela Marinha norte-americana para o planejamento e o controle do programa de mísseis Polaris, nos anos 1950. O CPM (*critical path method*) foi desenvolvido pela Du Pont, em 1956, para programação de novos produtos. O propósito da indicação do caminho crítico é o de encontrar um equilíbrio entre a duração total do projeto e os custos.

É necessário construir a rede do projeto em várias etapas, começando pelas relações que mantêm entre si. A partir da listagem elaborada na etapa anterior, ordenam-se as atividades de acordo com sua sequência no tempo. A forma mais simples de executar essa operação é preenchendo a matriz de atividades antes e depois, como demonstrado no quadro 5.

QUADRO 5: MATRIZ DE ATIVIDADES ANTES E DEPOIS

Atividades antes	Atividade	Atividades depois
-	1	2
1	2	3, 4
2	3	4
3, 2	4	5
4	5	
	...	
	n	-

Na coluna central, copia-se o número de cada atividade. Já na coluna à esquerda, lista-se, separando por uma vírgula, o número das atividades que devem preceder cada uma das listadas na coluna central. Na coluna à direita, lista-se, separando por uma vírgula, o número das atividades que devem se seguir às listadas na coluna central. A partir desse quadro, constrói-se o quadro de sequência de atividades – utilizando o exemplo da montagem do curso. Neste quadro, repete-se a listagem das atividades, transcreve-se a duração, que consta no quadro de atividades, e a precedência – as atividades antes ou predecessoras –, que se encontra na matriz de atividades antes e depois.

QUADRO 6: SEQUÊNCIA DE ATIVIDADES

Nº	Atividade	Duração	Predecessores
1	Pré-montagem	0d	-
2	Montar programa do curso	1d	1
3	Contatar professores	2d	2
4	Obter ementa das disciplinas	6d	3, 2
5	Contratar professores	1d	4
6	Verificar salas de aula disponíveis	2d	1
7	Contratar sala de aula	0,25d	6
8	Equipar sala de aula	3d	7
9	Verificar condições do entorno	2d	6, 7
10	Preparar folheto de divulgação	1d	7, 9
11	Revisar folheto de divulgação	0,5d	10, 12
12	Determinar preço-aluno definitivo	0,1d	10
13	Imprimir folheto de divulgação	2d	12
14	Divulgar curso	20d	11, 13, 7, 9
15	Atender pedidos de informação	20d	12,20
16	Receber inscrições	30d	12, 15, 20
17	Selecionar participantes e suplentes	1d	14
18	Divulgar seleção	1d?	17
19	Matricular alunos	2d	18, 20
20	Alocar equipe de apoio	1d	12
21	Reunir equipe/instrutores	0,5d	20, 5
22	Preparar pauta	0,5d	19
23	Reproduzir material didático semana 1	1d	20, 5
24	Adquirir manual de treinamento semana 1	20d	20, 5
25	Iniciar curso	1d	24, 23, 22, 21,8, 5
26	Curso em andamento	0d	25

Rede

A rede é um diagrama de setas e retângulos, representando a sequência das atividades. As atividades são dispostas nos retângulos, e as setas ligam-nas umas às outras. Quando as atividades são sequenciadas, isto é, quando uma atividade é causa de outra, diz-se que a segunda atividade depende da primeira. O ideal é esquematizar primeiro o diagrama completo, que terá a aparência semelhante à da figura 5.

FIGURA 5

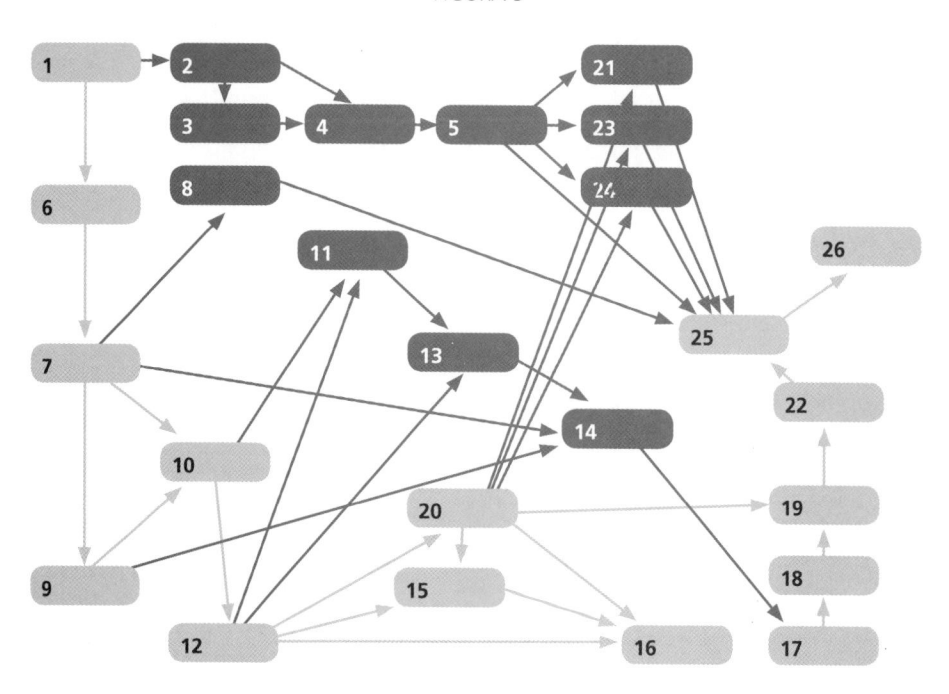

O comprimento da seta não tem significado. Pode ser estendido ou encurtado para tornar o gráfico mais claro. O que importa é a direção. Deve-se verificar se a sequência (antecedente, consequente e atividades paralelas) faz sentido. Não pode haver pontas soltas. Sobre a rede assim construída, alocam-se as durações (tempos) e calculam-se as folgas e a duração total do projeto, lembrando que a unidade de tempo (minuto, hora, ..., ano) deve ser homogênea para todo o projeto. Ou seja, se a unidade for ano, e uma atividade tiver a duração de três meses, usa-se 0,25 de ano, e não três meses ou um trimestre. Os retângulos correspondentes às atividades devem ter o seguinte formato (figura 6):

FIGURA 6

ATIVIDADE	
Duração	Folga
Data início	Data fim

A rede terá o aspecto abaixo (figura 7).

FIGURA 7

1 - Pré-montagem	
-	-
-	-

2 - Montar programa	
1d	-
2/04	2/04

6 - Verificar salas	
2d	-
2/04	3/04

7 - Contratar sala	
0,25	-
4/04	4/04

9 - Verificar condições	
2d	-
4/04	5/04

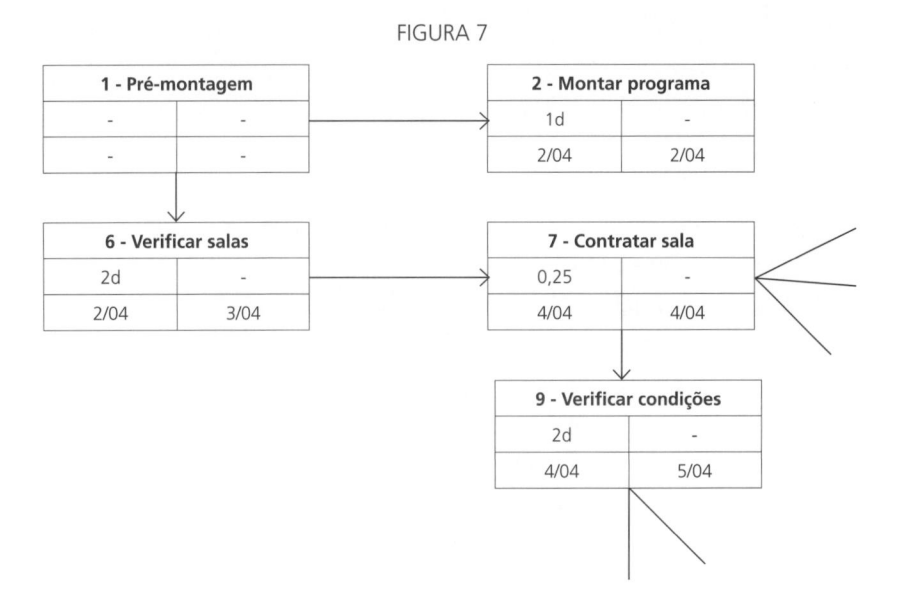

Conhecidas a ordem e a duração de cada atividade, chega a hora de acrescentar as datas. Soma-se a data de início de cada atividade à sua duração. O resultado obtido é lançado no espaço correspondente do retângulo "atividade". Se duas atividades têm o mesmo retângulo de término, considera-se somente o tempo da atividade com maior duração. A data lançada no último retângulo da rede será a data de término do projeto. Ao considerar sempre as datas da atividade ou conjunto de atividades de maior duração, haverá, naturalmente, uma sobra de tempo para as atividades que correm em paralelo. São as folgas da atividade, que deverão ser assinaladas quando da elaboração do cronograma.

> **COMENTÁRIO**
>
> No exemplo, as atividades 2, 3, 4, 5, entre outras, têm folga. Isto significa que tanto faz começá-las na data início marcada ou esperar para iniciá-las. O cálculo de redes permite jogar com essas folgas, de forma a utilizar o mínimo de recursos Se está prevista a utilização de um especialista nos primeiros dias da atividade 2, pode-se retardar o início da atividade e realocar um especialista de outra atividade, de forma a não ser obrigatório contratar um segundo especialista. À sequência de atividades com folga zero ou folga mínima, chama-se de caminho crítico. O caminho crítico indica as atividades-chave e os gargalos em termos de tempo, e é utilizado para estimar-se o balanço entre a economia de tempo e a de custos, como as economias de escala. Para não trabalhar sempre sob pressão, estabelece-se uma margem de erro para a duração do projeto, por exemplo, dois dias. Esta margem, ou folga total do projeto, vai identificada com a data mais tarde de início de cada atividade. É uma folga arbitrária, garante uma flexibilidade maior, principalmente no caso de atividades críticas, isto é, sem folga.

Resumimos, a seguir, as principais definições dos termos utilizados na construção de redes:

- *atividade*: conjunto de ações, realizadas por pessoas, que constituem a unidade básica do projeto. Cada atividade deve ter uma data de princípio e uma data de término conhecidas;
- *atividade crítica*: uma atividade que não tem folga e que, portanto, sofrendo um atraso compromete todo o projeto;
- *atividade fantasma ou de ligação* (*dummy activity*): indica a dependência entre eventos sem que haja uma atividade real entre eles;
- *caminho crítico* (*critical path*): é a sequência de menor duração do projeto – a que liga as atividades críticas;
- *data mais cedo*: é a data mais cedo para dar início a uma atividade sem que se altere sua relação de dependência;
- *data mais tarde*: é a data mais tarde para dar início a uma atividade sem que se altere a data final do projeto;
- *evento*: início ou conclusão de uma tarefa. O evento inicial e o evento final marcam respectivamente o início e o término do projeto;
- *folga:* é a margem de tempo disponível quando se subtrai a duração da diferença entre a data mais tarde e a mais cedo da atividade;
- *folga dependente*: é a margem de que se dispõe, a partir da data mais tarde de uma atividade, para que ela seja executada sem alterar a data mais tarde da atividade seguinte;
- *folga livre*: é o atraso máximo de uma atividade sem alterar a data de início das atividades seguintes;
- *marcos* (*milestones*): são pontos da rede que indicam ocorrências, como o momento em que o projeto chega à metade ou em que se apresenta um relatório. Podem ser entendidos como atividades de tempo igual a zero.

Até o advento dos softwares de projetos, os cálculos de rede, como os das redes Pert e similares, eram feitos manualmente. Mas é preciso atenção ao adquirir pacotes tecnológicos de projetos. Os programas executam funções limitadas, são caros e nem sempre são fáceis de utilizar. A maioria dos softwares que contém o termo "projeto" no título não passa de calculadores de Pert-CPM. Estes programas executam eficazmente todos os cálculos de durações, folgas, recursos etc. Indicam, inclusive, a melhor forma de alocação de recursos em função do caminho crítico.

Prestam-se, também, ao acompanhamento, além de aceitar correções com facilidade, recalculando toda a rede em segundos. São softwares que realizam os cálculos básicos de programação linear e que nos poupam de uma tarefa enfadonha e demorada. No entanto, eles não são, ou ainda não são, autoalimentáveis. É preciso fornecer ao programa a lista de atividades, a sequência em que devem ocorrer, as durações, os recursos e os custos correspondentes. A experiência tem demonstrado que, para a utilização máxima dos recursos de programação, o ideal é não iniciar sua alimentação até que se tenha pelo menos um rascunho da rede de relações, feita em papel. A visualização da rede nos monitores é problemática, só pequenas porções podem ser visualizadas, e a alternativa alimentar-imprimir-corrigir-realimentar é mais lenta e menos eficaz do que a do procedimento tradicional de listar-diagramar-alimentar.

> **COMENTÁRIO**
>
> A idealização do projeto – que compreende basicamente os passos realizados até aqui – deve estar concluída antes de nos aventurarmos a preencher suas telas. A velha regra da computação eletrônica – se entra lixo, sai lixo – continua válida. Os softwares são de uso múltiplo: servem tanto para configurar como para administrar e monitorar o projeto. Os instrumentos que nos interessam são os de configuração: rede, cronograma, relatórios de recursos e de custos. Por motivos comerciais, os softwares oferecem uma quantidade imensa de recursos, cores, tabelas e outros atributos muito atraentes, mas de pouca utilidade. Deve-se evitar o encantamento por esses recursos que, em geral, ocasionam perda de tempo e, principalmente, tendem a complicar desnecessariamente a configuração do projeto. Finalmente, a lógica limitada com que os softwares são construídos requer uma alimentação linear, em uma sequência determinada. Geralmente, a alimentação deve se dar na ordem: atividades – que, dependendo do programa, podem ser chamadas de tarefas *outasks* –, predecessores, recursos e custos. São programas que não têm sido essencialmente alterados nas versões que são lançadas quase que anualmente, mas nunca é demais lembrar que, por aborrecido que seja, deve-se ler atentamente o manual de instruções de qualquer software e seguir a ordem indicada para sua utilização, além de aprofundar-se no interativo que acompanha o software. Embora suas instruções não tenham um caráter de profundidade, é possível obter uma noção geral do seu funcionamento que pode ser bastante útil. Para tanto, é importante certificar-se de que concluiu a ideação do projeto, o que pode ser feito percorrendo-se o caminho inverso do seguido até agora, revisando as técnicas utilizadas.

O conhecimento das técnicas de configuração de projetos é essencial para uma adequada utilização de softwares. Caso não domine essas técnicas, nem tenha experiências anteriores na configuração de projetos, o usuário certamente terá pela frente maiores dificuldades a serem superadas. Ainda que não se declare explicitamente, os softwares são desenvolvidos a partir do pressuposto de que o usuário é hábil e competente na prática de configuração de projetos.

Não inicie o uso de nenhum dos instrumentos de configuração disponíveis no software lançando informações diretamente na tela do micro. Faça, sempre, rascunhos e esboços preliminares. Uma noção prévia da quantidade de atividades, dos recursos a serem utilizados e do escopo das redes do projeto pode significar uma razoável economia de tempo e energia.

A totalidade dos softwares disponíveis no mercado foi desenvolvida para a configuração e a gestão de projetos cujo produto é bem-definido, como é o caso dos projetos de engenharia, em que as atividades e os recursos podem ser definidos com exatidão. É preciso maior atenção com os projetos cujo produto é intangível, como acontece com frequência no setor cultural e com os projetos de pesquisa, que podem acarretar maiores dificuldades de configuração.

A configuração de projetos é uma prática de ajustes sucessivos e que, como tal, pode e deve ser revista sistematicamente. É recomendável, a cada alteração promovida, inserção de dados e instruções, salvar uma nova versão do projeto, por exemplo P1, P1a, P1b etc. Tal atitude permite a visualização de toda a evolução da configuração do projeto, além de economizar tempo e evitar o retrabalho. É preciso que o futuro gestor do projeto conheça e saiba usar o software, participando, inclusive, do processo de modelagem. Faz-se necessário, ainda, definir o tipo de unidade em que as variáveis do seu projeto deverão ser medidas – meses, dias, toneladas, pessoas atendidas etc. A partir daí, siga sem alterá-las, durante toda a etapa de configuração.

O cronograma, isto é, a fixação das datas de realização das atividades, é obrigatório na fase de modelagem. Normalmente, a duração do projeto é calculada considerando-se uma data zero de início das atividades e, posteriormente, estabelecida uma data real para a data início. O cronograma do projeto é, em geral, apresentado sob a forma do gráfico de Gantt. Conforme assinalado, projetos pequenos, com poucas fases e atividades, podem prescindir do cálculo de redes para sua configuração.

> **GRÁFICO DE GANTT**
>
> Tipo de gráfico de barras que ilustra quanto tempo um projeto levará, quando ele deve iniciar e quando deve ser concluído. O gráfico divide a vida do projeto em tarefas definíveis (eixo vertical) no decorrer das semanas (eixo horizontal).

Os passos para a elaboração de um cronograma simples, sem a utilização de uma técnica de redes, são os seguintes:

- listar as atividades do projeto;
- ordenar as atividades na sequência prevista para sua realização. Na terminologia adotada para a sequenciação, toda atividade, exceto a atividade que dá início ao projeto, tem uma ou mais atividades que lhe precedem (predecessoras). Da mesma forma, toda atividade, exceto a última, é predecessora de uma ou mais atividades. É o que consta na relação antes e depois;
- assinalar no gráfico, sob a forma de barras horizontais, a duração de cada atividade;
- assinalar com um asterisco ou outro sinal diferencial, as atividades sem duração – marcos (*milestones*), como a celebração de contratos e a apresentação de relatórios.

O gráfico resultante terá a aparência da figura 8.

FIGURA 8: CRONOGRAMA – GRÁFICO DE GANTT

Atividades	Duração (dias)	Data início (dias)	Data fim (dias)	Semanas											
				1	2	3	4	5	6	7	8	9	10	11	12	13
Atividade 1	2	0	2	x	x											
Atividade 2	3	2	5			x	x	x								
Atividade 3	4	2	7			x	x	x	x	x						
Atividade 4	0	7									x					
Atividade 5	2	5	7						x	x						
Atividade 6	6	5							x	x	x	x	x			
Atividade 7	0,5	5							x							
Atividade n																

Outro aspecto de um cronograma é o que se segue, baseado na rede que se utiliza como exemplo. Detalhadas as atividades e estabelecido o cronograma do projeto, deve-se proceder a uma revisão completa do que foi estabelecido até esse ponto. Essa revisão tem dois propósitos. O primeiro é o de corrigir falhas de concepção e elementos que devam ser alterados em função de maior economia e completude do projeto. O segundo é o de recolher os elementos necessários ao "fechamento" do projeto.

GESTÃO DE PROGRAMAS E PROJETOS PÚBLICOS

FIGURA 9

Id	Nome da tarefa	30/3	6/4	13/4	20/4	27/4	4/5	11/5	18/5	25/5	1/6	8/6	15/6	22/6	29/6
1	pré-montagem	◆ 16/5													
2	montar programa do curso	▮													
3	contatar professores		▮												
4	obter ementa das disciplinas		▮▮												
5	contratar professores			▮											
6	verificar salas de aula disponíveis		▮												
7	contratar sala de aula		▮												
8	equipar sala de aula		▮												
9	verificar condições do entorno		▮												
10	preparar folheto de divulgação			▮											
11	revisar folheto de divulgação			▮											
12	determinar preço-aluno definitivo			▮											
13	imprimir folheto de divulgação			▮											
14	divulgar curso				▮▮▮▮										
15	atender pedidos de informação				▮▮▮▮										
16	receber inscrições							▮▮▮▮▮▮▮							
17	selecionar participantes e superiores								▮						
18	divulgar seleção								▮						
19	matricular alunos								▮						
20	alocar equipe de apoio		▮												
21	reunir equipe/instrutores			▮											
22	preparar pauta			▮											
23	reproduzir material didático sobre			▮											
24	adquirir manual de treinamento			▮▮▮											
25	iniciar curso								▮						
26	curso em andamento								◆ 16/5						

Para a correção das falhas de concepção o procedimento indicado é o de verificar cuidadosamente cada um dos passos cumpridos até aquele momento, na ordem em que foram estabelecidos.

O trabalho de revisão nessa ordem é importante, dado que, da forma que é concebida a configuração de projetos, as mudanças e os aperfeiçoamentos no conteúdo de cada passo têm implicações em cascata sobre os elementos dos passos subsequentes.

Podemos comparar esse método com a pintura de uma parede.

Rever a configuração em uma ordem arbitrária ou na ordem inversa é como pintar uma parede de baixo para cima.

Uma sugestão: ao fazer uma alteração, assinale as modificações que devem ser feitas em cada um dos passos subsequentes.

No início o trabalho é grande e, muitas vezes, enfadonho, mas à medida que se avança, as correções são cada vez mais fáceis, e o trabalho progride rapidamente.

Para a coleta de dados necessários ao fechamento da configuração, o procedimento usual é o de assinalar, em cada passo revisto, os elementos úteis ao planejamento de recursos humanos, materiais, informacionais e financeiros.

O ponto decisivo é, naturalmente, a descrição das atividades.

Como para outros passos e instrumentos, detalhamentos insuficientes ou incorretos serão imediatamente evidenciados durante a confecção dos instrumentos de planificação de recursos. Também aqui é importante ter em mente que a revisão de conteúdos, sequências e demais elementos provocam efeitos em cascata sobre os passos subsequentes da configuração.

Capítulo 4

Controle do projeto

Neste capítulo, apresentaremos os instrumentos e técnicas de controle de projetos, o planejamento das ações de controle e o estabelecimento dos padrões relevantes para o projeto. Entenderemos, ainda, o conceito de estrutura organizacional e trataremos da montagem do organograma, ressaltando os tipos mais comuns em projetos. Para finalizar, discutiremos os mecanismos e as ações essenciais à sustentação de uma argumentação coerente e de uma apresentação que valorize a ideia que motiva a elaboração do projeto.

Estrutura organizacional

A rede de sequência de atividades mostra a ordenação dinâmica do projeto. Sua ordenação estática é dada pela estrutura organizacional ou organograma, que descreve as relações internas do projeto. Em um organograma está representada a correlação de poder e arrolada a divisão formal do trabalho, seja de um projeto ou de uma organização convencional. Na configuração da estrutura organizacional descreve-se a vertente mais permanente do projeto, isto é, aquilo que se quer conservar no decurso das atividades que o compõem. A quase totalidade dos projetos é configurada integrando uma organização maior. Em termos organizacionais, um projeto difere de uma organização convencional, visto que:

- compreende a realização de uma única sequência de atividades, enquanto uma organização compreende a realização de séries repetitivas de operações;
- está dirigido à geração de um único produto ou serviço, enquanto as organizações, usualmente, têm objetivos múltiplos;
- tem uma duração limitada, enquanto as organizações, em geral, possuem horizontes, isto é, recriam constantemente seus limites.

O projeto é um tipo de organização especial, uma organização efêmera, mas estruturada seguindo os princípios comuns de *organogramação*. Assim, o organograma simboliza a distribuição de trabalho interna do projeto.

Existem vários tipos de organograma sendo o tipo mais comum em projetos aquele que divide as responsabilidades de acordo com as funções desempenhadas: a função financeira, a função operações e assim por diante. Outros critérios de departamentalização comuns em projetos são os que dividem as responsabilidades pelos públicos a serem atendidos, pelo processo (compras, armazenagem, produção etc., comum em projetos industriais) e pelos subprodutos/subserviços. Menos comuns são as divisões por clientes, por tempo, por área geográfica, por turnos de trabalho.

Na montagem do organograma do projeto devemos atentar para os seguintes fatos:

- a estrutura representada é, por definição, efêmera. Deverá deixar de existir quando o projeto estiver concluído;
- o projeto está, em geral, ligado a estruturas organizacionais permanentes, e essa ligação não pode ser conflitante;
- a divisão do trabalho representada no organograma deve ser resultante lógica das atividades a serem desenvolvidas, e não o contrário. Esse é um ponto crucial na elaboração de organogramas que funcionam, isto é, que representam de fato as relações internas ao projeto.

Os passos para a elaboração de um organograma são:

- agrupar as atividades constantes em linhas gerais na matriz de estrutura lógica e na descrição da rede – por função, por processo, ou qualquer que pareça ser o critério mais lógico em face dos objetivos e do contexto do projeto. Os grupos de atividades irão dar origem às unidades administrativas. Devemos tentar criar unidades equilibradas em termos de volume de trabalho, pessoas envolvidas, recursos utilizados, entre outros;
- estabelecer os responsáveis – coordenadores, encarregados e outros – por grupo de atividades. Em projetos maiores, a divisão pode ser institucionalizada em órgãos, setor, núcleo, por exemplo. Cada unidade deverá ser representada por um retângulo. Nessa etapa, os retângulos dão a divisão horizontal, as linhas do projeto, o "quem é responsável por quê";
- assinalar e distinguir as unidades (retângulos) relativas às atividades-fim ou substantivas – aquelas relacionadas diretamente com o produto, por exemplo, instalações em um projeto de restauração arquitetônica – das atividades-meio ou de apoio – aquelas não diretamente ligadas ao produto, como controle financeiro no mesmo projeto. A convenção internacional é de que o grupo relativo às atividades-meio deva ser representado ao alto e o relativo às atividades-fim na parte inferior do organograma. A prática, principalmente na América Latina, é a de representar as atividades-meio à esquerda e as atividades-fim à direita no organograma;

- estabelecer a linha de comando, indicando a quem cada responsável (coordenador, encarregado) ou órgão deve se reportar. Quanto menor for o número de instâncias de comando, melhor. Pequenos projetos devem ter uma única instância – cada responsável por unidade deve se reportar diretamente ao responsável pelo projeto. Grandes projetos, obviamente, exigem estruturas maiores. Mesmo para esses projetos, a recomendação internacional é, hoje, a de não mais que três níveis hierárquicos separando a posição mais alta de comando da mais baixa na linha de subordinação.

> **COMENTÁRIO**
>
> Por ser um resumo da distribuição de responsabilidades, o organograma deve ser uma peça em constante mudança ao longo da configuração do projeto. Quer isso dizer que, concluídas etapas como a sequenciação e a descrição de atividades, o organograma deve ser revisto e refeito. É provável que novas funções ou processos e, principalmente, a percepção sobre importância relativa deles se alterem à medida que se configure o projeto. Por esse motivo, a revisão do organograma deve ser realizada até o último momento anterior ao fechamento da configuração. É importante relacionar a estrutura do projeto com a(s) organização(ões) a que ele se vincula.

As relações com outras organizações – os fornecedores, os clientes e usuários, os reguladores, os parceiros e demais envolvidos – devem ser descritas da forma mais precisa possível. O conhecimento do meio organizacional em que o projeto irá ter lugar é tão ou mais importante do que o conhecimento da economia do setor. Muitos projetos têm fracassado por estarem configurados com base em suposições sobre o meio e forma organizacional em que deveriam se desenvolver. Essa é uma falha comum, atribuível às instituições financiadoras de projetos, inclusive aos bancos oficiais de fomento, que, em geral, estão preocupados com avaliações meramente econômicas ou, quando muito, do impacto social, e negligenciam a factibilidade gerencial. Como se trata da configuração de projetos que sejam não só financiáveis, mas exequíveis, a preocupação é com as relações interinstitucionais, tanto no que tange à economia interna do projeto como ao cálculo dos riscos que tais relações envolvem.

A matriz interinstitucional múltipla, também denominada matriz institucional ou matriz múltipla de relações interinstitucionais, apresentada a seguir, é um instrumento útil ao mapeamento e ordenação dessas relações. Ela tem como utilidade básica identificar as relações entre o projeto e os diversos atores institucionais, grupais ou individuais que com ele interagem. Na fase de gestão, a matriz é utilizada no mapeamento do nível de dependência e das ameaças e oportunidades originárias desses atores. A matriz também é útil na avaliação das fontes institucionais de riscos, principalmente no que tange à identificação dos pontos vulneráveis representados, de um lado, pela dependência, seja de um fornecedor, de um recurso ou de um cliente, como o governo; de outro, pelos impactos do projeto sobre esses mesmos atores. As fontes para preenchimento da matriz são extraídas da matriz de estrutura lógica, das análises efetuadas no passo relativo à estrutura da organização, nos passos correspondentes à inserção do projeto e da análise de risco. Ela é uma das fontes para contornar as contingências e as externalidades do projeto.

No quadro 7 se vê o esquema geral da matriz. Para preenchê-lo, relacionam-se nas colunas os atores (*stakeholders*) de relevância para o projeto, isto é, as instituições, grupos e, eventualmente, pessoas decisivas para o projeto.

STAKEHOLDERS

Atores ou *stakeholders* são indivíduos e organizações que têm envolvimento ativo com o projeto ou cujos interesses podem ser, negativa ou positivamente, por ele afetados.
Grupo interessado no negócio da empresa, como:

- acionistas, esperando retorno de investimento;
- funcionário, interessado em remuneração adequada e desafios;
- clientes, interessados em qualidade e preço, no produto ou serviço comprado;
- comunidade, interessada no zelo ambiental;
- governo, interessado em mais postos de trabalho e recolhimento de impostos.

Os *stakeholders* podem ser:

- internos – colaboradores, proprietários, entre outros;
- externos – grupos de influência.

No quadro 7, devem-se relacionar, nas linhas, as fases ou, dependendo do nível de detalhamento e das dimensões do projeto, as atividades críticas.

QUADRO 7: MATRIZ INTERINSTITUCIONAL MÚLTIPLA

Atividades	Organização matriz do projeto					Projeto				Outras organizações	
	DIREÇÃO	Gerência financeira	Gerência de RH	Gerência	Coordenação	Apoio	Equipe α	Equipe β	Equipe ...	Prefeitura	.....
A1	AP		CO		SU		EX			AP	
A2		PG				FO		EX			
A3						FO	EX				
A4	AP				SU			EX		AP	
...								EX			
				SU							PG
									EX		
An											
AP	Aprova				CO		Coordena				
PG	Paga				SU		Supervisiona				
FO	Fornece				EX		Executa				
CM	Comunica				.....		......				

As células são preenchidas com as seguintes informações:

- dependência da fase ou atividade em relação ao ator específico, principalmente no que se refere às ações requeridas. Por exemplo, quando a atividade depende de cessão de imóvel ou de autorização;
- as ações que cada ator possa ter em relação ao projeto.

Além dos aspectos relacionados na matriz, devem ser discutidos os seguintes itens sobre os principais atores:

- sua capacitação gerencial, representada pelo nível de conhecimento, pelo reconhecimento demonstrado por outras organizações, por associações etc.;
- seu crédito na praça, informação que pode ser obtida nas instituições especializadas;

- sua tradição, verificável, por exemplo, pelo tempo de existência da organização ou pelo reconhecimento demonstrado por outras organizações;
- sua credibilidade e conhecimento técnico, verificável junto às mesmas fontes;
- sua confiabilidade, muito importante no caso de fornecedores.

> **DICA**
> Uma sugestão é entrar em contato diretamente com eventuais fornecedores, parceiros, clientes, reguladores e demais atores, identificando-se e solicitando as informações que julgar pertinentes. Excetuando-se, claro, informações que possam prejudicar os interesses de projetos concorrentes, o número e a qualidade das informações assim obtidas podem ser de grande valia. As relações interinstitucionais devem ser combinadas com o mapeamento das relações internas do projeto, apresentadas no passo referente à gestão de recursos humanos.

Gestão de recursos humanos

A gestão dos recursos humanos em projetos no setor público é particularmente delicada devido à natureza temporária das relações de trabalho. Por isso, além das operações comuns aos demais recursos, é importante ter em conta, na planificação dos recursos humanos que irão trabalhar no projeto, os aspectos psicológicos individuais e os relativos ao trabalho em equipe. O plano de provisão de recursos humanos contempla itens puramente operacionais, como:

- a identificação;
- a descrição;
- itens necessários à boa administração do projeto, como recrutamento e seleção de pessoal e criação de boas condições de trabalho.

A identificação do perfil dos que irão trabalhar no projeto compreende:

- uma listagem relacionanda às atividades com as pessoas;
- a quantidade;
- a alocação;
- a classificação dos recursos humanos.

Começa-se elaborando uma lista na qual conste cada uma das pessoas necessárias à execução de cada atividade – relacionadas no passo referente à sequência do projeto –, assinalando o número de horas, dias, ou qual seja a unidade de periodização utilizada na sequenciação. Cada pessoa, mesmo profissionais que irão desempenhar funções idênticas, deve ser nomeada individualmente. Excetuam-se as pessoas que irão trabalhar sempre em grupo, como no caso de grupos-tarefa. Verifica-se, posteriormente, se as atividades não são simultâneas ou se superpõem, caso em o que o número de profissionais deverá ser equivalente ao número de atividades superpostas. Em seguida, ordena-se a utilização do profissional segundo a sequência das atividades do projeto. Esse procedimento poderá indicar a necessidade de modificações na sequência das atividades.

Recursos humanos essenciais para o projeto ou de custo muito elevado podem levar à recomendação de alterações substanciais na configuração do projeto. Os softwares disponíveis realizam essas de operações a partir da entrada dos recursos nas atividades. Fornecem distribuições reais e ideais, sob a forma de histogramas, e reordenam automaticamente a rede do projeto. Concluída a listagem ordenada dos recursos humanos, separam-se os grupos correspondentes a:

- *mão de obra direta*, cujo trabalho efetivamente será aplicado como tarefa necessária à finalização de uma ou mais atividades;
- *mão de obra indireta*, cujo trabalho consiste na administração do projeto e no provimento das condições para que a mão de obra direta possa realizar seu trabalho;
- *serviços contratados*, que correspondem à mão de obra não vinculada ao projeto;
- *pessoal cedido*, especificando a pauta de relações com outras organizações públicas que cedem pessoal ou nas quais o projeto está inserido.

O quadro 8 sintetiza a identificação dos recursos humanos.

QUADRO 8: IDENTIFICAÇÃO DOS RECURSOS HUMANOS

Atividade	Recursos humanos por unidade	Tipo de mão de obra
A1		
A2		
....		
An		

Os recursos humanos devem ser alocados por atividade. A descrição das atividades compreende a descrição das tarefas atribuídas a cada pessoa envolvida no projeto, bem como o momento em que integrará e em que deixará a equipe. A alocação dos recursos humanos, como a dos demais recursos, é apresentada na forma de um histograma. Como apontado, a maioria dos softwares de projetos calcula e fornece o histograma. Os objetivos desse instrumento são:

- equalizar a distribuição de cada recurso, otimizando-a ao longo do projeto;

- evitar a alocação excessiva do recurso ("estouro"), como no caso em que, dada a participação em várias atividades simultâneas, aloca-se uma pessoa para trabalhar 30 horas em um único dia;
- eliminar ou reduzir as horas não trabalhadas – os tempos entre tarefas;
- reduzir as incertezas, informando a cada colaborador o que dele se espera, quando e por quanto tempo estará envolvido etc.

Um instrumento útil na alocação de tarefas e responsabilidades do projeto é a matriz de responsabilidades. A elaboração desse instrumento é particularmente importante em projetos que envolvem grande complexidade nas relações interpessoais e intergrupais. Nesse caso têm-se projetos intensivos em mão de obra, outros com níveis altos de especialização, e ainda outros em que pessoas de origem cultural diferente devem trabalhar juntas, como no caso de projetos em áreas de fronteira ou de projetos internacionais.

QUADRO 9: MATRIZ DE RESPONSABILIDADES

Atividades	Coordenador	Coordenador adjunto	Coordenador administrativo	Técnico 1	Técnico 2	Técnico 3	Musicólogo 1	Musicólogo 2	...	Administrativo 1	...
A1	•										
A2		•									
A3		•									
A4			•								
...						•					
					•						
							•				
								•			
										•	
								•			
An	•										

Nas indicações para alocação de pessoal deve-se ter em conta, ainda, que, além de grande parte do envolvimento de pessoas ser temporário, uma parte significativa do trabalho e das responsabilidades poderá estar a cargo de pessoal externo ao projeto – como outras organizações ou consultores. A confrontação da matriz de responsabilidades com os instrumentos referentes à inserção do projeto, particularmente com a matriz institucional múltipla, pode ser útil para o entendimento e a exposição dos diversos aspectos da alocação de recursos humanos.

Para que o recrutamento do pessoal possa ser realizado com eficiência, devem constar do projeto as seguintes informações sobre o pessoal a ser contratado:

- experiência prévia requerida;
- tipo de formação;
- tipo de colaboração esperada – trabalho em equipe, elaboração de produtos intermediários etc.;
- disponibilidade;
- remuneração, tanto no que se refere ao montante como à modalidade – por tarefa, mensal, semanal, diária.

A correta *seleção* dos recursos humanos, no nível e medida requeridos pelas dificuldades a serem enfrentadas, é um ponto em que fraquejam as atividades no setor público. As técnicas de recrutamento e seleção de pessoal que se têm demonstrado úteis ao longo do tempo em projetos de maior envergadura raramente são aplicadas em projetos nesse setor.

Outras recomendações a respeito do recrutamento e da seleção de pessoal para o projeto são:

- observar a distinção entre o pessoal contratado especificamente e o pessoal cedido por outras organizações, principalmente no que se refere às normas legais que regem tanto a contratação como a cessão;
- verificar a conveniência da contratação de consultores e assessores, especialmente para a realização de tarefas que requerem alto nível de especialização e de tarefas pontuais;
- observar que as relações de trabalho no âmbito de um projeto devem, idealmente, ser regidas por contratos de trabalho por tarefa ou por tempo determinado;
- observar que as normas de segurança devem merecer uma atenção especial quando da configuração do projeto. É normal haver atrasos de cronograma. Como, geralmente, os contratos estipulam sanções para atrasos, a pressão sobre a equipe tende a propiciar o relaxamento das normas de segurança;
- nomear claramente os indicadores do desempenho esperado do pessoal envolvido;

- indicar os mecanismos de prevenção e substituição referentes a desempenhos insatisfatórios;
- uma vez que a maioria dos projetos é conduzida por um grupo de trabalho formado especialmente por pessoas de diversas origens e especialidades, e que se desfará quando de sua conclusão, deve-se indicar, na configuração, a necessidade de se dar atenção à motivação na etapa de recrutamento, especialmente no que se refere ao trabalho em grupo.

Uma das modalidades mais frequentes em projetos é a contratação de consultoria especializada. A gestão de consultoria, na forma como é praticada hoje em dia, data dos anos 1920, quando a Association of Consulting Management Engineers, norte-americana, estabeleceu os princípios éticos e as normas de funcionamento para a prestação de serviços profissionais qualificados. A gestão de consultoria abarca as habilidades e os conhecimentos necessários à contratação economicamente eficaz de especialistas individuais ou empresas especializadas na prestação de serviços de consultoria e assessoramento à modelagem e ao projeto propriamente dito, e compreende:

- a especificação das necessidades;
- a seleção dos consultores;
- o estabelecimento do contrato;
- o acompanhamento e controle;
- a mensuração de resultados.

A especificação das necessidades tem como pontos principais a definição de para que o consultor é necessário e o que se espera dele. É importante redigir uma pequena memória sobre esses dois tópicos. Grande parte do fracasso das consultorias se deve a imprecisões provenientes dos contratantes. Outra causa bastante comum é a contratação de consultorias seguindo modismos, e não as necessidades claras e específicas de configuração do projeto.

> **ASSOCIATION OF CONSULTING MANAGEMENT ENGINEERS**
>
> Fundada em 1929, em Nova York, a ACME, atual AMCF (Association of Management Consulting Firm), é uma associação de empresas que visa à melhoria de práticas de consultoria e de gestão industrial. Segue um rigoroso código de ética que está em consonância com as normas legislativas e as iniciativas regulares. Essas regras de conduta fazem com que seus associados ofereçam um produto ou serviço de melhor qualidade.

> **COMENTÁRIO**
>
> Na seleção dos consultores, os traços principais a serem observados são a experiência anterior documentada e o reconhecimento das qualificações pelo mercado. Não menos importante é o preço, extremamente variável, cobrado por consultores e empresas de consultoria. É imperativo que a especificação das necessidades esteja pronta antes do início do processo de seleção, para que se possa proceder a uma sondagem do mercado. O contrato de consultoria deve especificar claramente as obrigações mútuas. Ao redigir o contrato, é importante ter-se em mente as queixas mais comuns de clientes de consultoras, para que se possam evitar problemas futuros. São elas:
>
> - o desconhecimento da realidade do projeto, da região, do contexto em que está inserido;
> - a devolução de informações;
> - as sugestões puramente teóricas;
> - a venda de "pacotes" antiquados, particularmente de parte de consultorias multinacionais;
> - a suposição de ingenuidade ou despreparo do contratante;
> - a apresentação de relatórios padronizados, que serviriam para qualquer situação;
> - as sugestões que não se aplicam ao caso;
> - a dependência.
>
> A avaliação dos resultados – comparação entre o contratado e o fornecido – deve poder resultar, no caso de insatisfação, em ressarcimentos previstos em contrato.

Higiene no trabalho

A atenção com a higiene no trabalho, denominação da teoria desenvolvida pelo professor Frederick Herzberg, tem sido de grande valia tanto na administração como na modelagem de projetos, para prevenir a desmotivação das pessoas envolvidas e, consequente, a baixa performance. A ideia central dessa teoria está baseada em duas constatações simples. A primeira é a de que, em que pese à grande ênfase dada à motivação, existem, em todo contexto de trabalho, tanto fatores que estimulam como fatores que desestimulam. A segunda é a de que os elementos de satisfação e de insatisfação no trabalho são diferentes para cada indivíduo.

Herzberg listou dois conjuntos de condições que afetam as pessoas no trabalho. O primeiro, que contém os fatores com poder de satisfação, ele de-

> **PROFESSOR FREDERICK HERZBERG**
>
> Psicólogo clínico e professor de gestão na University of Utah. Herzberg é conhecido pelos estudos sobre motivação humana e a teoria dos dois fatores – os de higiene – como as condições de trabalho, salário, *status* e segurança, cuja ausência cria insatisfação – e os de motivação – realização, reconhecimento, satisfação no trabalho, responsabilidade e desenvolvimento pessoal, que são necessários à satisfação. Criador do conceito de enriquecimento do trabalho – *job enrichment*. Seu artigo da *Harvard Business Review* sobre motivação foi um dos mais solicitados de todos os tempos.

nominou motivadores. O segundo, que contém os elementos potencialmente desmotivadores, ele denominou fatores de higienização. Os motivadores fundam-se nas relações entre o ser humano e o que ele faz. Os fatores de higiene concernem à interação ser humano/ambiente. Servem antes para prevenir insatisfações do que para elevar o nível de satisfação. Os principais fatores de cada categoria são expostos no quadro 10.

QUADRO 10: MOTIVADORES E FATORES DE HIGIENIZAÇÃO

Motivadores	Fatores de higienização
Autorrealização	Forma de administrar
Reconhecimento	Supervisão do trabalho
Satisfação no trabalho	Remuneração
Responsabilidade	Relações interpessoais
Progresso	Condições ergonômicas

Na configuração de projetos, a consideração dos fatores de higiene/motivação é importante em dois momentos: o da definição de tarefas e o de seleção de pessoal. Tarefas devem ser delineadas com vistas a possibilitar os motivadores e evitar os riscos dos fatores de higienização. Já na seleção do pessoal, é importante procurar identificar os fatores motivacionais e de higienização prioritários para cada pessoa. Deve-se ter em mente que o administrador do projeto não terá tempo nem recursos para ações corretivas sobre falhas de seleção, de forma que se deve evitar a contratação de pessoas para quem os fatores motivacionais sejam difíceis de atingir ou para quem não seja possível garantir os fatores de higienização. A vinculação direta da performance a fatores como a remuneração adequada, as condições de trabalho e, principalmente, os controles corresponde a uma visão parcial e retrógrada da administração de projetos. A experiência tem demonstrado que a satisfação no trabalho é um dos maiores, se não o maior promotor da produtividade. Embora a aplicação de técnicas motivacionais seja atributo de gestão, é essencial que o projeto esteja configurado de forma a permitir sua utilização.

As principais técnicas utilizadas para garantir a satisfação no trabalho são:

- *rotação*, em que se procura evitar a repetição de tarefas monótonas e recorrentes. Compreende o esforço para o treinamento, a designação para tarefas variadas e a compreensão integral do processo de trabalho do projeto;
- *alargamento* (horizontal), em que se procura ampliar ao máximo o número das ações que cada pessoa realiza e desfragmentar os processos, de forma que cada um possa realizar um número máximo de tarefas completas. Tende a dar conteúdo ao trabalho, tornando-o mais interessante e dando um sentido de completude;

- *enriquecimento* (vertical), em que se procura ampliar ao máximo a responsabilidade de cada pessoa sobre as tarefas realizadas. Inclui a participação na planificação, fixação de metas, oportunidades para inovação e trabalho criativo e autossupervisão;
- *responsabilidade e poder* (*empowerment*), que até recentemente eram considerados parte do enriquecimento. Hoje em dia costumam figurar à parte. A ideia é a de transferir a responsabilidade pela qualidade do trabalho da gerência para o profissional. Aumentam o potencial de controle (*accountability*) e a autonomia;
- *interação*, que visa habilitar os profissionais para comunicação horizontal e vertical. Incentiva a troca de experiências e conhecimentos;
- *flexibilização*, em que se procura favorecer profissionais com maior diversidade de habilidades (*cross-training*) e com maior domínio com relação às habilidades específicas requeridas (versatilidade).

Antes de concluir o plano de recursos humanos, faz-se necessário rever a definição de tarefas, procurando agregar e desagregar atribuições de acordo como os princípios de rotação, alargamento e enriquecimento do trabalho, dando especial atenção aos itens constantes no quadro 11.

QUADRO 11: *CHECKLIST* COMPLEMENTAR DE SATISFAÇÃO NO TRABALHO

Variedade	As tarefas são variadas?
Identidade	A tarefa é realizada do princípio ao fim?
Significância	A relevância da tarefa é clara?
Autonomia	O profissional tem suficiente liberdade para trabalhar?
Feedback	Existem mecanismos que informem o profissional sobre seu desempenho?
Inovabilidade	Há possibilidade de os profissionais exercerem sua criatividade?
Compromisso	Os compromissos com os objetivos do projeto são claros?

Na definição de tarefas, com vistas a aumentar a satisfação e produtividade é importante deixar ensejo para redefinições quando da execução. Há que se procurar um equilíbrio entre o rigor necessário à orçamentação e a flexibilização da gerência do projeto. É conveniente consultar profissionais com experiência nas tarefas a serem redefinidas e ter em conta os princípios de hierarquia e de não superposição de atribui-

ções. Os principais motivos de insatisfação que podem ser prevenidos durante a fase configuração são, pela ordem:
- solicitação para realização de tarefas não previstas ou contratadas;
- indeterminação e imprecisão na definição das competências;
- inexistência de fóruns ou meios que permitam aos participantes do projeto serem ouvidos;
- isolamento em relação às decisões e aos decisores (coordenação/gerência);
- sistemas de punição desvinculados dos sistemas de recompensa;
- insegurança quanto ao aproveitamento nas fases subsequentes do projeto;
- excessivo rigor e detalhismo na definição de competências;
- mudanças de cronograma;
- equipamento e condições de trabalho insuficientes ou inapropriados;
- mecanismos de punição excessivos;
- inexistência de instâncias formais de integração dos participantes.

Por último, o plano de recursos humanos deve considerar o sistema de recompensas a ser adotado no projeto. A configuração do sistema de recompensas e reconhecimento compreende uma série de preceitos e ações de promoção e reforço do comportamento e da produtividade requeridos dos recursos humanos. A ideia central é o estabelecimento de relações claras e explícitas entre, de um lado, a produção e a conduta esperadas e, de outro, as recompensas. Os sistemas de recompensas para projetos guardam algumas diferenças em relação aos sistemas das organizações permanentes. As mais importantes estão referidas às recompensas e às punições relativas:
- ao cumprimento de prazos, devido à importância do cronograma em relação à administração de projetos e a cláusulas contratuais de multa;
- à adesão a padrões e especificações, devido ao caráter fragmentário dos projetos, que muitas vezes são verdadeiros jogos de armar de componentes e serviços muito diferenciados;
- à cultura técnica em que o projeto está inserido;
- à redução de custos e de riscos.

Tendo em mente as oportunidades em termos de redução de custos e de riscos que se apresentam no uso programado dos fatores, os passos para a configuração do plano de provisão de recursos devem contemplar:
- uma descrição dos recursos;

- a sequência em que serão utilizados;
- o dispêndio;
- as modalidades de aquisição;
- a recuperação após o uso;
- a responsabilidade por aquisição, manutenção e descarte;
- as formas contratuais correspondentes.

O plano de alocação de recursos parte de uma descrição sucinta dos serviços, instalações, equipamentos e materiais por atividades. Cada um dos bens a ser utilizado deve ser especificado. Essa descrição deve ser feita de acordo com os padrões e nomenclatura técnica apropriada a cada bem. No caso de obras civis e de equipamentos, pode ser necessária a contratação de profissional especializado para a elaboração dos "memoriais descritivos", documentos técnicos em que se relacionam os materiais e equipamentos segundo especificações normatizadas e segundo as modalidades de uso. Como ocorre no caso dos recursos humanos, a descrição das atividades é a fonte básica de obtenção dessas informações. Para cada bem devemos assinalar o período de utilização – número de horas, dias, semanas –, segundo a unidade utilizada na elaboração do cronograma. Cada bem deverá ser descrito individualmente.

COMENTÁRIO
Muitos fornecedores oferecem catálogos com as especificações dos produtos e serviços que vendem. Neste ponto verifica-se se não há conflito ou superposição na utilização dos recursos, caso em que devemos multiplicar o número de bens ou alterar a rede e o cronograma do projeto.

Cálculo dos estoques

A gestão de estoques é parte do que se denomina logística do projeto, e está referida essencialmente a três propósitos:
- diferenciação do tratamento que devemos dispensar aos itens estocados;
- cálculo dos níveis mais econômicos e seguros de estocagem;
- estimativa dos custos de estocagem e da forma de atenuá-los.

Entre os procedimentos técnicos mais utilizados para configurar o projeto no que diz respeito à gestão da logística de estoques figura a curva de Pareto, um instrumento de distribuição em classes de prioridades dos itens segundo as diferenças no valor financeiro ou estratégico dos estoques.

Os itens prioritários para cada um dos principais estoques do projeto são determinados mediante a elaboração de curva de distribuição ABC. A curva de Pareto – ou curva ABC, como é conhecida em logística – é uma técnica útil para o estabelecimento de prioridades para qualquer estoque. Serve igualmente ao estoque de materiais – como o de matérias-primas e produtos acabados – e ao estoque de informações, por exemplo. O objetivo da técnica é o de dirigir os esforços de controle para produtos, situações e objetivos-chave. A curva de Pareto é de uso corrente no estabelecimento da intensidade e frequência de controle de estoques. Por extensão, é utilizada para selecionar os itens--chave em qualquer coleção, seja de clientes, de ações, de centros de risco etc. Na configuração de projetos, é útil para eleger, entre uma gama de possibilidades, os produtos e objetivos cruciais para a finalidade genérica a que o projeto deve atender.

A ideia fundamental expressa pela curva é a de que controlando os poucos itens-chave – os itens A, em uma gradação ABC, como no exemplo adiante (figura 10) –, melhora-se a efetividade do projeto. Os passos para elaboração da *curva ABC* são:

- *listagem*: determinam-se as categorias e as unidades a serem comparadas – recursos materiais, itens de custo, clientes potenciais, entre outros;
- *valoração*: estima-se o valor de cada item e, em seguida, soma-se para achar o valor total em jogo;
- *ordenação*: ordenam-se os itens, do mais ao menos valioso;
- *plotagem*: determina-se o percentual de cada item e o percentual acumulado segundo a fórmula: [((valor do item + soma dos valores dos itens precedentes) ÷ valor total) x 100)]. Em seguida, dispõem-se os itens no eixo dos X do gráfico, da esquerda para a direita em ordem decrescente de valores – atenção: trata-se de dispor os percentuais acumulados. Dividem-se os itens em *A*, *B* e *C*. Usualmente os itens A representam cerca de 20% do total de itens e 75% do valor total.

> **CURVA DE PARETO**
>
> Princípio que afirma que existe um forte desequilíbrio entre causas e efeitos, entre esforços e resultados e entre ações e objetivos alcançados. De uma maneira genérica, 80% dos resultados que obtemos estão relacionados com 20% dos nossos esforços. Pode-se dizer que uma minoria de ações leva à maior parte dos resultados; em contrapartida, uma maioria de ações leva à menor parte dos resultados.

FIGURA 10: CURVA DE PARETO

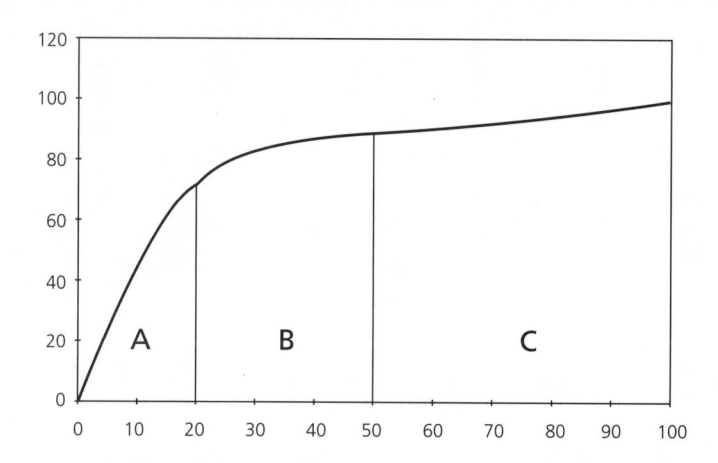

Por último, determina-se o perfil para os itens prioritários dos principais estoques do projeto. Considerando-se a curva de Pareto, o perfil dos itens *A* deve ser determinado para todos os tipos de projeto. Para alguns projetos, pode ser conveniente, dependendo dos custos e riscos envolvidos, a análise dos itens *B*, e mesmo dos itens *C*, ainda que considerados por lotes e não por unidades.

Sistema de comunicações

O sistema de comunicações provê os meios necessários à interação entre as pessoas e as instituições envolvidas no projeto, compreendendo coleta, armazenamento e disseminação de dados, informações e ideias, e deve contemplar os seguintes itens:

- as informações a serem disponibilizadas;
- quem deve receber informações;
- o momento em que as informações devem estar disponíveis;
- os meios de coleta, armazenamento e distribuição.

Relacionam-se os três primeiros itens com base na descrição das atividades. Os meios de coleta, armazenamento e distribuição de dados – informações não tratadas –, informações e ideias incluem desde a agenda de reuniões rotineiras até a documentação formal do projeto. Segue o plano de comunicações do projeto a partir da matriz a seguir (quadro 12).

QUADRO 12: MATRIZ DE COMUNICAÇÕES DO PROJETO

	Tipo	Ação	Data	Origem	Destinatário	Meio
Informação 1						
Informação 2						
.....						
Informação n						

No quadro 12:

- *tipo*: é descrição da informação propriamente dita. Por exemplo: início/conclusão de atividades; contratação/desligamento de pessoas; disponibilidade de recursos. O plano de provisão de recursos humanos e o plano de provisão de bens tangíveis são fontes adicionais úteis para obtenção dessas informações;
- *ação*: é geração, coleta, armazenamento, distribuição, divulgação, destruição, ou qualquer outra manipulação de informações. A ação deve ser relacionada a uma atividade, isto é, deve ser uma atividade ou estar incluída em uma atividade;
- *data*: dia e hora em que a ação deve ter lugar. Obrigatoriamente relacionada à atividade;
- *origem*: é o "fornecedor" do dado ou informação. A origem pode ser interna ou externa ao projeto. Devemos assinalar o nível de comprometimento nesse item. As informações podem constar das premissas e envolver riscos de inexistência ou imprecisão que devem ser mencionados;
- *destinatário*: a disseminação da informação pode ser interna (distribuição) ou externa ao projeto – divulgação a clientes, fornecedores, mídia ou públicos específicos. Esse item está diretamente relacionado à imagem do projeto;
- *meio*: o suporte ou o meio de tratamento da informação para a ação correspondente. Inclui reuniões, contratos, e-mails, entrevistas, fax, videoconferências, questionários, entre outros.

Dependendo da envergadura e do tipo do projeto, pode ser indicado esclarecer, no plano de comunicações, sobre:

- informações externas requeridas;
- informações geradas pelo projeto;
- forma, época e conveniência de comunicação com a mídia;
- estabelecimento de formatos e convenções a serem utilizados.

Os tipos tradicionais de informação de projetos devem ser padronizados. São eles:
- *relatórios de progresso*: contendo o que foi realizado até um determinado momento, a comparação entre o projetado e o executado, as dificuldades encontradas, as informações físico-financeiras etc.
- *relatórios de revisão*: contendo as modificações a serem feitas em relação ao projeto inicial ou ao último relatório de revisão, as razões e os efeitos esperados;
- *relatórios financeiros*: contendo os itens referentes à execução do orçamento.

> **COMENTÁRIO**
> Ainda no campo dos recursos informacionais, deve-se incluir, sempre que possível, a elaboração de uma programação visual específica. Para alguns tipos de projetos na área da cultura, uma programação visual benfeita tem se mostrado útil tanto para a operação como para a construção da sua imagem do projeto.

Sistema de controle de qualidade

O planejamento do controle de qualidade compreende a identificação prévia dos padrões relevantes do projeto e de como satisfazê-los. O controle da qualidade deve incidir tanto sobre o produto e subprodutos quanto sobre as atividades. O propósito é o de facultar ao futuro administrador a eliminação dos fatores que impeçam ou dificultem a boa performance. É importante evitar confundir a qualificação do projeto com o grau de qualidade do produto e subprodutos. O grau de qualidade é dado pelos padrões atribuíveis a um mesmo tipo de produto. Uma casa de espetáculos de maior grau de qualidade pressupõe equipamentos, recursos e facilidades diferenciados. Mas isto não garante a qualidade dos espetáculos que ali serão exibidos.

> **EXEMPLO**
> O grau de qualidade é relacionado à especificação do produto. A qualificação é dada pela satisfação dos fatores relevantes para os subprodutos, produto e processos do projeto. Um teatro ao ar livre, benfeito, que atraia o público, tem uma qualificação maior do que um espetáculo caro, requintado, mas desinteressante.

Os principais indicadores de qualidade estão relacionados:

- ao produto ou à geração do serviço, que devem ser livres de defeitos e imperfeições;
- às características do produto do projeto, principalmente no que se refere à adequação a indicadores mensuráveis;
- à satisfação do cliente ou usuário do produto gerado pelo projeto;
- à satisfação dos responsáveis pelas etapas subsequentes à atividade que está sendo avaliada.

No que se refere à qualificação do produto:

- especificar, na descrição do produto, os padrões de qualidade passíveis de mensuração direta;
- determinar as características de qualidade para o produto a ser gerado pelo projeto.

Essas características compreendem:

- funcionalidade: de que forma o produto opera: um livro é manuseável?;
- aparência: que aparência deve ter o produto, que imagem deve projetar o prestador do serviço;
- confiabilidade: qual a durabilidade do produto, que garantias são dadas sobre o serviço, que falhas são previsíveis;
- recuperação: em que condições o produto poderá ser reparado, de que forma a insatisfação com o serviço prestado será corrigida;
- satisfação: quais as medidas de verificação da satisfação de clientes/usuários.

Mais padrão:

- indicar como e quando pode ser medido cada um desses padrões e características, ou seja, detalhar os meios de verificação correspondentes inicialmente arrolados na matriz de estrutura lógica, bem como os momentos em que tal verificação se dará, indicados na sequência de atividades do projeto;
- associar a descrição do produto com especificações e normas reconhecidas. O importante é que a especificação de qualidade esteja normatizada, de forma a permitir controle efetivo da produção e da saída. A adesão a normas ISO – International Organization for Standardization – é de grande importância não só no que se refere à qualificação como também ao marketing do projeto;
- incluir sistemas de controle para verificação de conformidade de especificações;

- indicar os procedimentos para solicitação, sempre que for o caso, dos certificados ISO. Esses processos costumam requerer uma série de providências que têm implicações na configuração do projeto. Os órgãos credenciados para emissão de certificados fornecem as normas e, eventualmente, aconselhamento sobre os procedimentos necessários;
- prever atividades de correção e aperfeiçoamento a partir dos sistemas de indicadores de performance com os correspondentes esquemas de inspeção/prevenção e as margens de tolerância para cada item da produção ou procedimento na prestação de serviços;
- incluir, na matriz de responsabilidades, os encargos de verificação de qualidade.

Os instrumentos mais utilizados para garantir a qualidade do projeto são o *benchmarking* – a comparação do projeto configurado ou em configuração com outros projetos similares – e o diagrama espinha de peixe. O nome *benchmarking* vem de que, nos anos 1970, quando essa técnica começou a ser aplicada com maior intensidade, o empregado responsável, ao invés de sair a campo para investigar o mercado, sentava-se (*bench* = banco) no escritório e ligava para os concorrentes como se fosse um cliente em potencial, pedindo informações.

A ideia permanece essencialmente a mesma. O propósito do *benchmarking* é o de copiar boas ideias e de construir marcos de comparação, importantes tanto para projetos em setores concorrenciais como para projetos a fundo perdido. Devido aos sistemas de avaliação hoje utilizados por financiadores e patrocinadores o *benchmarking* tornou-se uma das principais fontes para o estabelecimento de padrões de desempenho.

BENCHMARKING

Termo emprestado da área de levantamento topográfico, em que um marco geodésico – *benchmark* – é um ponto fixo usado como referência para estabelecer localizações e altitudes. No contexto dos negócios, o termo passou a ser muito utilizado no sentido de comparações de desempenho de áreas entre empresas – ou de uma mesma área da empresa – vista ao longo do tempo. Por meio do *benchmarking*, torna-se possível o acesso a melhores práticas e a seu uso por empresas, concorrentes ou não, do mesmo setor de atividade ou não, que possam ser agregadas ao processo produtivo/operacional de uma organização. Assim, essas empresas têm a possibilidade de construir seu mercado, isto é, conquistar e reter clientes. Em outras palavras, o *benchmarking* é um método para melhorar o desempenho, a fim de identificar as melhores práticas de gestão.

Mediante o *benchmarking*, é possível detectar:
- as necessidades e preferências dos usuários/clientes do produto/serviço;
- o nível tecnológico no ambiente do projeto, incluindo as inovações introduzidas e se foram aceitas ou não. Grandes ideias e coisas que funcionaram em outras praças podem não ser aceitas pelos clientes/usuários do projeto;
- os níveis de desempenho aceitos no ambiente em que o projeto irá operar.

O diagrama espinha de peixe tem como propósito prevenir problemas na execução de atividades e efeitos indesejáveis em potencial. Da figura 11 consta uma síntese do gráfico aplicado ao problema de perda de mercado em uma empresa familiar em situação de envelhecimento.

FIGURA 11

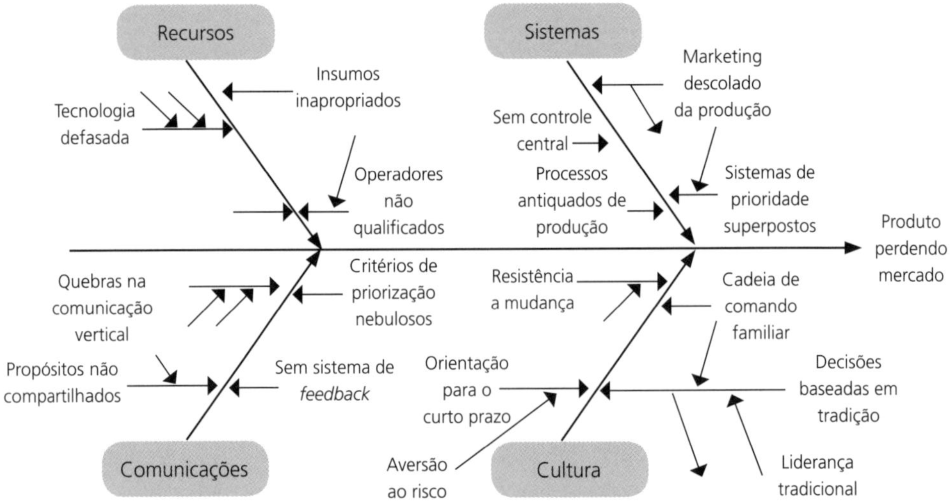

Diagrama espinha de peixe com o problema central "Produto perdendo mercado" e as categorias: Recursos (Tecnologia defasada, Insumos inapropriados, Operadores não qualificados), Sistemas (Marketing descolado da produção, Sem controle central, Processos antiquados de produção, Sistemas de prioridade superpostos), Comunicações (Quebras na comunicação vertical, Propósitos não compartilhados, Critérios de priorização nebulosos, Sem sistema de feedback), Cultura (Resistência a mudança, Orientação para o curto prazo, Aversão ao risco, Cadeia de comando familiar, Decisões baseadas em tradição, Liderança tradicional).

As fases de montagem do diagrama são as seguintes:
- *montagem do grupo de trabalho*: é essencial que as pessoas envolvidas estejam familiarizadas como os problemas da empresa e que possam se dedicar efetivamente à solução deles;
- *definição clara e precisa do problema a ser atacado*: na montagem do diagrama, como em toda a configuração de projetos, o problema deve ser singular. Ou seja: a dois ou mais problemas correspondem tantos diagramas e, ao término, tantos objetivos e tantos projetos ou subprojetos quantos forem os problemas.

A partir do problema central identificado, constrói-se a espinha principal do diagrama, isto é, alinham-se os fatores a serem considerados. Alguns autores recomendam técnicas secundárias para eleição dos componentes do diagrama. Pode-se usar tanto o *brainstorming* como qualquer outro meio de gerar ideias. Nas experiências que temos vivenciado e testemunhado, a forma mais efetiva e usual tem sido a da construção individual de diagramas tentativos, agrupando-os até se chegar a um consenso sobre o diagrama geral de trabalho. Seja qual for o processo adotado, a principal barreira a ser superada nessa fase é, quase sempre, a do vocabulário. Os membros dos grupos de trabalho tendem a denominar problemas, causas, efeitos, equipamentos, processos etc. de forma diferente, o que gera mal-entendidos, discussões improdutivas e perdas de tempo consideráveis. Essa fase é uma continuação da anterior e não deve ser iniciada até que o gráfico de base esteja concluído. Os três procedimentos mais comuns para detalhamento do diagrama são:

- listagens individuais de motivos e fatos geradores dos problemas para integração posterior;
- discussão em subgrupos, divididos segundo os tópicos das espinhas principais;
- discussão, pelo grupo de trabalho completo, ordenada passo a passo, das causas e do problema em sua totalidade.

Os passos adicionais para qualificação do projeto dizem respeito:

- aos requerimentos, isto é, à verificação da compatibilidade da especificação do produto com a especificação requerida pelos destinatários;
- às expectativas, isto é, em que medida o produto atende expectativas dos públicos do projeto, o que inclui os públicos internos;
- à imagem, isto é, se o conceito do produto é compartilhado pelos atores do projeto e se a imagem comunicada, tanto do produto como do projeto, é compreendida.

Os custos do projeto devem ser expostos de três formas:

- o orçamento, que reproduz em uma listagem consolidada por itens os custos de cada recurso, tanto os atribuídos diretamente às atividades como os custos gerais rateados;
- a análise dos custos, que informa sobre a incidência, a distribuição e as margens de redução e gravames sobre as despesas previstas para o projeto;
- os demonstrativos financeiros, essencialmente o fluxo de caixa, que indica o montante das despesas e das entradas de recursos financeiros ao longo da duração do projeto, e o mapa de usos e fontes, que vincula cada despesa às receitas ou entradas correspondentes.

O orçamento é uma listagem das entradas de previsão de dispêndios do projeto. Em linhas gerais, o orçamento ou estimativa de custos de um projeto de qualquer tipo deve assegurar:

- a alocação de todos os custos do projeto num quadro lógico de fácil acesso;
- a determinação do custo total do projeto em seus contornos mais amplos e as previsões de possíveis alterações contingenciais;
- a possibilidade de efetivo controle dos custos do projeto nas etapas subsequentes à configuração;
- a conversibilidade em relação aos mecanismos orçamentários das organizações com interesse no projeto – rubricas, natureza das despesas, formatação, regras e procedimentos –, de modo a viabilizar a conexão e a interação entre ambos.

O modo mais rápido e objetivo de elaborar uma estimativa de custos de um projeto é a utilização de softwares. No entanto, para projetos de menor envergadura o uso de softwares pode ser antieconômico. Por esse motivo, nas etapas relacionadas a seguir vamos considerar as duas possibilidades: elaboração do orçamento com e sem auxilio de softwares. Antes de começar a elaborar o orçamento de um projeto, é importante elaborar uma estimativa orçamentária. A estimativa de custos e de receitas geralmente faz com que aspectos importantes que tenham passado despercebidos até então sejam mais bem-compreendidos. É provável que, a partir daí, sejam necessárias modificações substanciais em toda a estrutura do projeto.

É essencial que tenhamos em mente a importância da obtenção de informações acuradas para a elaboração do orçamento. É uma crença comum que o rigor na elaboração do orçamento limita a criatividade na administração e restringe a tomada de decisões que poderiam afetar positivamente a qualidade do projeto. O amadorismo e a falta de preparo dos gerentes é que conduzem à rigidez e à baixa criatividade; não o orçamento, um instrumento indicativo que, quando elaborado corretamente, prevê margens de tolerância e sistemas de correção.

A elaboração do orçamento deve envolver o maior número possível de pessoas e instituições. A ideia de que a estimativa de custos é uma atribuição exclusiva de especialistas é equivocada. Quanto maior a participação, o esforço e o tempo despendido por toda a equipe encarregada da elaboração do orçamento, menores os riscos de perdas e de gastos desnecessários. Há uma relação direta entre a duração do projeto e os custos, que são função do tempo. Cláusulas de multa fazem com que o cumprimento dos prazos previstos incida diretamente sobre os custos do projeto. Na utilização de dados orçamentários de projetos similares já executados, com o objetivo de obter informações que sirvam de referência para a elaboração de um novo orçamento, é importante que se observe com atenção a memória desses projetos, a fim de evitar distorções e apropriações indevidas.

A experiência tem mostrado que o uso de modelos sofisticados de orçamento deve ser evitado, principalmente no caso dos projetos mais simples. O ideal é conceber o orçamento de forma tão simples quanto possível, com um nível de detalhamento sempre proporcional ao escopo e à complexidade do projeto. A facilidade de uso e a rapidez de acesso às informações serão de fundamental importância nas etapas subsequentes. Finalmente, é preciso ter presente que o orçamento, na maior parte dos casos, será o mais importante instrumento de comunicação na negociação, tanto com potenciais patrocinadores quanto com gestores de organizações interessadas.

O perfil orçamentário varia muito de setor para setor e de projeto para projeto. Para setores como o da construção civil, que rege os projetos envolvidos com reformas, restaurações, adaptações e similares, os itens orçamentários de custos são padronizados e fornecidos por publicações periódicas especializadas. Para outros setores, a estrutura orçamentária deve ser construída a partir do zero. Por outro lado, para alguns projetos o orçamento não precisa ser mais do que a listagem e o somatório simples dos custos das atividades e das estimativas de receitas; para outros, irá exigir maior detalhamento e cálculos complexos envolvendo itens como os de expectativa inflacionária e flutuações de mercado, por exemplo.

EXEMPLO

No quadro 13, um exemplo de estrutura orçamentária com os itens mais frequentes em projetos simples.

QUADRO 13: EXEMPLO DE ESTRUTURA ORÇAMENTÁRIA

Item	Subitem	Valor unitário	Valor agregado	Tolerâncias e flutuações	
				-	+
Mão de obra	Pessoal envolvido diretamente no projeto				
	Pessoal contratado				
	Pessoal cedido				
	Total				
	Apoio à produção, como manutenção e controle de qualidade				
	Pessoal contratado				
	Pessoal cedido				
	Total				
	Administração, serviços e vendas				
	Pessoal contratado				
	Pessoal cedido				
	Total				

EXEMPLO (continuação)

Item	Subitem	Valor unitário	Valor agregado	Tolerâncias e flutuações	
				-	+
Recursos patrimoniais	Aluguéis e arrendamentos				
	Custo de reposição e reparos devidos a desgaste e obsolescência				
	Equipamentos				
	Aluguéis e arrendamentos				
	Custos de reposição do ativo fixo renovável devido a depreciações, esgotamento e obsolescência				
Insumos	Matérias-primas				
	Insumos essenciais: energia e combustíveis, água etc.				
	Material de consumo				
	Materiais complementares, como embalagens				
	Sobressalentes				
	Armazenagem				
	Custos referentes a perdas por desgaste e quebra				
Transporte	Gastos com fretes de matérias-primas, material de consumo, produtos acabados etc. (incluir e especificar)				
Manutenção	Outros materiais que não as matérias-primas propriamente ditas, como peças de reposição e material de limpeza				
Despesas gerais de administração e vendas	Aluguéis e arrendamentos				
	Viagens e diárias				
	Material de escritório				
	Comercialização (venda e propaganda)				
Outras despesas	Seguros				
	Impostos e taxas				
	Juros				
	Depreciações (física e econômica)				

EXEMPLO (continuação)

Item	Subitem	Valor unitário	Valor agregado	Tolerâncias e flutuações -	Tolerâncias e flutuações +
Reservas e imprevistos					
Taxas e emolumentos					
Impostos					
Total das despesas					
Receitas de venda	Margem bruta de lucro				
Receitas não operacionais	Verbas governamentais etc.				
	Ganhos de capital (receitas decorrentes de investimentos)				
	Outras receitas				
Total					

Montada a estrutura orçamentária, transferem-se os dados da estimativa orçamentária inicial, lançando os custos unitários.

> **DICA**
> Se estiver utilizando software, certifique-se de que as tarefas a serem realizadas por cada recurso estão detalhadas e homogeneizadas – têm a mesma nomenclatura –, bem como distribuídas corretamente nas atividades do projeto. Embora tal procedimento seja trabalhoso e demorado, garante uma estimativa de custos mais acurada e realista. Uma das mais frequentes causas de equívocos na alocação de custos está relacionada a imprecisões quanto à tarefa a ser executada.

Para cada item lançado estabelece-se uma estimativa de erro para os valores agregados. Esse erro compreende as margens de tolerância e as imprecisões naturais quando se lida com preços de mercado, por exemplo. Lançam-se o valor e o percentual – a margem de erro esperada para mais e para menos.

As fontes de informação sobre custo variam de acordo com o item, o setor do projeto etc. Os recursos mais utilizados na obtenção de informações sobre custos são:

- *referência de projetos similares*: consideradas as diferenças de circunstância, como as tecnologias introduzidas na área de atuação do projeto e o tempo decorrido desde que a fonte da informação esteve operacional;
- *publicações setoriais e revistas especializadas em índices de preços*: atenção especial deve ser dada à fórmula de cálculo das informações e à nomenclatura utilizada. São raras as bases de cálculo e as nomenclaturas que obedecem a padrões universais;
- *fornecedores de insumos e recursos*: atenção especial deve ser dada às diferentes especificações técnicas e à busca por produtos substitutos;
- *publicações oficiais, principalmente no que se refere a tarifas, tributos, salários mínimos, taxas etc.*: todos os elementos de custo que sofrem influência direta ou são regulados pelos governos;
- *empresas especializadas em levantamento e informação sobre preços e condições.*

O plano de provisão de recursos humanos é a principal fonte do orçamento de mão de obra.

O balanço de capacitação – relação entre recursos humanos qualificados e não qualificados – varia segundo o tipo de projeto. O mesmo acontece com a estrutura hierárquica – o organograma. No entanto pode-se admitir, como regra geral, a recomendação de buscar a redução ao mínimo dos recursos humanos envolvidos no projeto. As razões para isso são três:

- o caráter efêmero de todo projeto e os consequentes custos de contratação e de demissão de pessoal decorrentes dos sistemas de proteção social que, por deficiência da legislação, penalizam o trabalho temporário e gravam excessivamente tanto o contratante como o contratado, onerando desproporcionalmente empreendimentos transitórios;
- a característica mesma da gestão de projetos, que requer flexibilidade de recursos, inclusive de recursos humanos. Daí os requisitos de polivalência – capacidade de atuar em vários níveis – e de politecnia – a preparação em múltiplos campos – dos recursos humanos envolvidos em projetos, qualidades que implicam, naturalmente, a diminuição do número de pessoas;
- a demonstração prática da disfuncionalidade do "inchaço" das organizações e a consequente aplicação – às vezes equivocada e quase sempre exagerada, é verdade – de técnicas de redução de pessoal (*downsizing*).

Nos lançamentos relativos ao dispêndio com recursos humanos devemos incluir o custo completo de mão de obra, inclusive o referente às obrigações sociais, rateio de férias, 13º, horas extras etc. Os encargos sociais devem ser separados e discriminados o mais detalhadamente possível, regra que vale para todos os itens que compõem o orçamento da mão de obra. Na formulação do orçamento devem ser separados os componentes da mão de obra de acordo com a natureza do custo em que se enquadram. Em geral, a mão de obra direta – diretamente envolvida com a produção – corresponde a custos fixos, e a mão de obra indireta – administração, serviços –, a custos variáveis. Para alguns tipos de projetos, mais intensivos em mão de obra ou de alta tecnologia, será conveniente indicar custos semifixos – caso do pessoal envolvido com apoio à produção e, às vezes, como comercialização e vendas.

Algumas vezes será necessário converter o orçamento para os padrões requeridos por outras instituições. Essas conversões serão imperativas para a maioria dos projetos que se destinam a atender a:

- requisitos de estruturas orçamentárias de organizações já estabelecidas, geralmente a organização matriz do projeto;
- preenchimento de formulários de instituições financiadoras ou patrocinadoras;
- especificidades de planos de contas (contabilidade) dessas organizações.

As conversões não dispensam, não substituem e não antecedem a tarefa de orçar o projeto de acordo com sua lógica interna.

O que se deve demonstrar ao configurar o projeto é, em primeiro lugar, o balanço entre os custos e as receitas ou utilidades, seja esse balanço positivo, negativo ou indiferente. Em segundo, que a alternativa proposta é a ideal, ou seja, que o balanço proposto é o melhor possível, dados o objetivo e a circunstância específica do projeto. A contabilidade de custos faz uso de um número considerável de classificações. Listamos as mais usuais na administração de projetos:

- *custos diretos*: são os dispêndios que podem ser apropriados diretamente a um produto ou a um serviço;
- *custos indiretos*: são os dispêndios que necessitam ser rateados para que possam ser apropriados a um produto ou serviço. Compreendem, geralmente, os custos relativos a serviços auxiliares da produção ou da geração de serviços. Por exemplo, em todo projeto existe a mão de obra direta, que deve ser especificada em detalhe, e a mão de obra indireta, como a que trabalha na área de transportes, que não pode ser vinculada imediatamente a um determinado produto ou serviço;
- *custos fixos*: são os custos que independem do volume da produção ou dos serviços gerados;
- *custos variáveis*: são os que, como o nome indica, variam de acordo com o volume produzido. Os custos variáveis podem ser constantes, isto é, variar linear-

mente com a utilização da capacidade, progressivos – como os gastos com horas extras – ou regressivos – como quando o aumento do consumo proporciona descontos –, conforme seu crescimento seja maior ou menor proporcionalmente ao da produção.

A figura 12 representa esquematicamente os custos a partir dos dados constantes no orçamento.

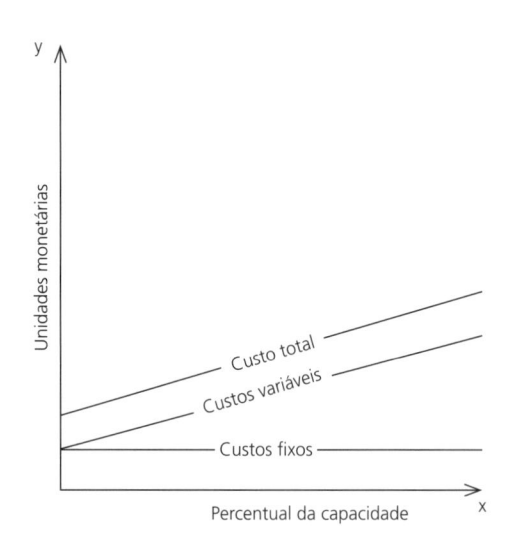

FIGURA 12: DISTRIBUIÇÃO DOS CUSTOS

Para maior simplicidade da exposição, constam da figura, nas ordenadas (eixo dos y), as unidades monetárias. Poderiam constar quaisquer unidades que representassem uma medida do resultado esperado do projeto. Das abscissas (eixo dos x) consta o percentual da capacidade, qualquer que seja a medida de capacidade do projeto. Ao transferir os dados constantes no orçamento para o gráfico, obteremos apenas três pontos, referentes, respectivamente, aos custos fixos, aos custos variáveis e aos custos totais, estes resultantes da adição dos custos fixos aos variáveis.

A linha referente aos custos fixos é traçada paralelamente ao eixo das abscissas passando pelo ponto correspondente aos custos fixos. A linha referente aos custos variáveis é traçada a partir do ponto zero da linha dos custos fixos, passa pelo ponto correspondente transferido do orçamento e alcança a estimativa para a capacidade máxima do projeto. Essas linhas representam simples aproximações. Estimativas mais acuradas tenderão a aparecer como curvas. Sabe-se que o custo marginal – o acréscimo no custo – de mão de obra direta decresce à medida que aumenta a capacidade do projeto. Isso porque um profissional costuma ganhar proporcionalmente menos por um serviço que dure mais tempo.

Mas para o propósito de demonstrar as variações nos custos e o impacto dessas variações, as estimativas em reta são suficientes. Mesmo porque as curvas tenderão a ter inflexões de pouca monta, desprezíveis mesmo para o fim a que se propõe na demonstração de custos quando da configuração do projeto.

O custo total é o somatório dos custos fixos e variáveis. O custo médio ou unitário corresponde à divisão do custo total pelas unidades produzidas ou serviços gerados. Quando se realiza a mesma operação para os custos fixos e para os custos variáveis, isto é, quando ambos são divididos pelo número de unidades produzidas ou serviços gerados, obtêm-se dois indicadores: o custo fixo médio e o custo variável médio.

O custo fixo médio deve decrescer à medida que o projeto avança ou que a produção/geração de serviços vai utilizando mais plenamente a capacidade instalada.

O custo variável médio apresenta comportamento cíclico, variando de acordo com os estágios do ciclo de vida do empreendimento. Na fase de lançamento, em que as aquisições de insumos e recursos são muito altas e a produção ainda é pequena, ele tende a ser mais alto. Na fase de crescimento, quando as inversões em insumos e recursos são menores e a produção aumenta aceleradamente, ele tende a ser mais baixo. Na fase de maturidade o custo variável médio atinge seu ponto mais baixo, beneficiado pelo melhor uso dos fatores indivisíveis e pela experiência na operação do processo produtivo – curva de aprendizagem. Na fase de declínio, tende a ser decrescente, em face do desgaste do equipamento, do acúmulo das perdas no processo produtivo e de fatores ligados ao término de operações, inclusive fatores psicológicos. O gráfico da figura 13 apresenta as curvas dos custos de um projeto de beneficiamento com duração de um ano.

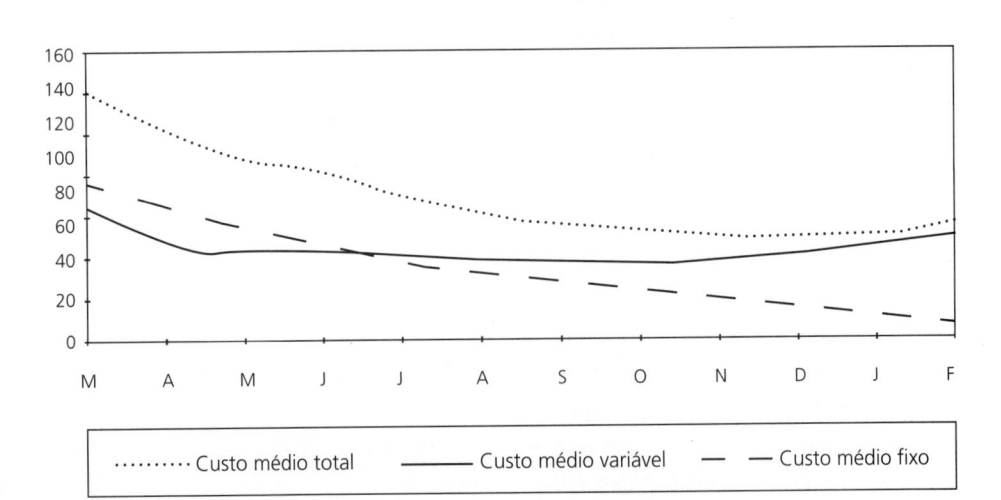

FIGURA 13: VARIAÇÃO DOS CUSTOS MÉDIOS

Ao configurar os elementos financeiros, deve-se ter em conta que haverá uma análise por especialistas que tentarão responder duas questões:
- se o projeto está configurado de forma a ser financeiramente administrável;
- se o projeto é financeiramente equilibrado.

Na tentativa de responder essas perguntas, tanto os futuros gestores como os analistas de investimento verificarão, em primeiro lugar, se o projeto admite ou prevê a aplicação de instrumentos básicos de condução financeira. Em segundo lugar, se as informações contábeis e financeiras são suficientes para uma análise conclusiva sobre sua viabilidade e monitoração.

O fluxo de caixa é uma forma dinâmica de conhecer o comportamento entre as *entradas* e as *saídas* de dinheiro do projeto, de modo a permitir a percepção imediata dos momentos de escassez, deficiência ou ociosidade de recursos financeiros. É o mais intuitivo dos instrumentos de controle financeiro e dispõe a soma algébrica das despesas e das receitas em um gráfico linear, como o da figura 14.

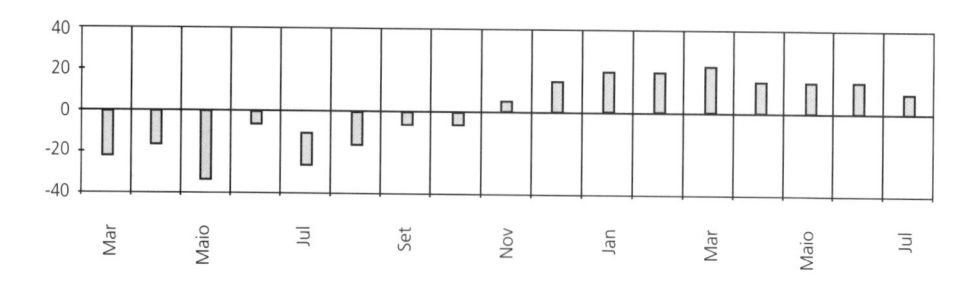

FIGURA 14: FLUXO DE CAIXA MENSAL

Riscos do projeto

Tecnicamente, riscos são ocorrências negativas passíveis de incidência sobre o projeto, geradas por efeitos e externalidades negativas. Falhas e desvios na elaboração do projeto também podem representar riscos. As falhas mais comuns são:
- erros e omissões nas especificações de recursos;
- definições de responsabilidades truncadas ou pouco claras, principalmente devido ao despreparo gerencial, frequente no pessoal do setor;
- excesso de confiança, que faz com que se trabalhe com margens de erro irrisórias no cronograma e no orçamento;
- erros e omissões na especificação de efeitos e externalidades.

Os projetos que envolvem a produção ou a geração de serviços inéditos, inovadores ou revolucionários, como é o caso de grande parte dos projetos de pesquisa, envolvem mais risco do que outros. Esses riscos podem ser calculados e minimizados mediante:

- a avaliação da capacidade gerencial, e não somente operacional, dos dirigentes e dos recursos humanos a serem envolvidos no projeto;
- a descrição sistemática e tão exaustiva quanto possível dos efeitos e externalidades positivas e negativas;
- a coleta de informações sobre a história recente do setor, área, mercado e públicos do projeto;
- a coleta de dados de mercado e informações comerciais;
- a adoção das formas de atenuação de risco examinadas no passo referente à sequenciação e a adoção de esquemas como o da periodização por *abortagem*.

A ação preventiva em relação aos riscos do projeto compreende:
- identificação;
- análise e avaliação;
- proteção;
- criação de planos de contingência.

A identificação e a *análise dos riscos* são feitas procurando conhecer:
- os efeitos indesejáveis de ocorrências possíveis capazes de incidir sobre cada uma das atividades previstas para o projeto;
- a magnitude do impacto sobre a atividade e sobre o projeto;
- a probabilidade de sua ocorrência.

Identificamos, a seguir, os riscos constantes:
- *riscos operacionais*:
- comunicações;
- custos acima do orçamento – *cost overruns*;
- esperas e atrasos;
- transporte;
- recursos;
- eventos não previsíveis – como catástrofes.

Riscos de administração e marketing:
- flutuações no mercado;
- competidores;
- obsolescência;
- custos operacionais.

Riscos financeiros:
- flutuações nas taxas de juros;
- flutuações na taxa de câmbio;
- flutuações nos custos de insumos;
- flutuações nos preços do produto;
- mudanças em tarifas;
- mudanças nas exigências de crédito;

Riscos institucionais e legais:
- instabilidade política;
- mudanças na legislação;
- prejuízos de terceiros – como o risco de provocar desastre ambiental.

Na apresentação do projeto, os riscos devem ser dispostos de acordo com a magnitude do impacto e probabilidade de ocorrência. Uma matriz de análise, tal como exemplificada no quadro 14, é útil para essa análise e para informar sobre as respostas às situações de risco.

QUADRO 14: MATRIZ DE ANÁLISE DE RISCO

Atividades	Ocorrência negativa (risco)	Magnitude do impacto	Probabilidade de ocorrência
A1			
A2			
A3			
An			

A forma de tratamento dos riscos do projeto se dá pela montagem de estratégias de resposta, tais como:
- flexibilização dos elementos de configuração do projeto;
- criação de planos de contingência para os maiores riscos;
- inclusão de formas de securitização do projeto.

Para alguns riscos é factível, em termos de custo × benefício, a cobertura tradicional dada pelas apólices de seguros. Para outros, a segurança pode vir de contratos de contingência, como o de preços mínimos para o setor agrícola, ou da dispersão do risco entre os fornecedores, por exemplo. A probabilidade de ocorrência de situações de risco é, muitas vezes, indicada na análise de cenários. Muito embora nada possa ser feito para isentar o projeto de riscos, pode-se, certamente, reduzi-los ou contorná-los mediante a configuração de instrumentos preventivos. Entre as práticas e instrumentos utilizados com melhor resultado no setor público, destacam-se:

- *duplicidade*: que consiste em duplicar recursos, atividades e tarefas que possam se encontrar em situação de risco. Esta duplicidade pode incluir desde os sobressalentes, as peças de reposição até a conformação de duas fontes de informação ou de recursos. Ao contrário do que possa parecer, essa é uma prática que, se adotada tecnicamente, implica custos marginais nulos ou reduzidos. É frequente que sistemas concorrenciais internos ao projeto, diante do estímulo da competição, gerem reduções de tempo e de custos;
- *emergência programada*: que consiste em mapear recursos, atividades, canais etc. que possam ser acionados no caso de falhas operacionais ou de ocorrências não previsíveis. É o mesmo princípio que nos leva a manter por perto os telefones dos bombeiros, das ambulâncias e outros números de emergência;
- *absorção*: consiste em considerar a situação de risco como ocorrência factual. Essa prática é útil somente para situações em que o risco envolvido implica custos pequenos e perdas de tempo reduzidas;
- *compartilhamento*: consiste em dividir os riscos com parceiros, fornecedores etc. Um exemplo de compartilhamento de riscos ocorre quando prêmios de seguros ou custos de absorção são divididos entre a instituição matriz do projeto e o próprio projeto. Essa forma é um dos motivadores do incremento recente de projetos realizados em parceria por duas ou mais instituições;
- *output* da elaboração é o *documento do projeto*, um memorial no qual o projetado é tecnicamente descrito. O *documento do projeto* deve ser preparado de modo a atender às necessidades de negociação na busca por apoio e de esclarecimento para a equipe executora. Na maior parte dos projetos, a negociação

mais importante tem a ver com a luta por recursos. Mas outros itens, tais como escopo, cronograma, autorizações, contratos, concorrências, também são objeto de negociação. Na obtenção de fundos e, em geral, de apoio, é comum que a instituição patrocinadora requeira o preenchimento de formulários e a exposição segundo um roteiro. Essas exigências variam substancialmente de instituição para instituição.

A finalização do projeto é exposta em um documento que pode ser padronizado, mas que, geralmente, é elaborado pelos proponentes. A intenção é recuperar as ideias, informações e cálculos em uma estrutura única. A variação de formatos e de temas nos projetos públicos nos obriga a centrar esforços nos aspectos comuns aos projetos em geral – aspectos que podem ser expressos sob a forma de questões simples, mas de resposta nem sempre fácil; perguntas que o analista técnico formula e que devem, necessária e obrigatoriamente, encontrar resposta no documento que contém o projeto. O quadro 15 resume os itens de um documento básico de apresentação do projeto.

QUADRO 15

Item	Conteúdo
O resultado esperado	*O que* o projeto irá gerar?
O problema a ser resolvido	*Para que* o projeto foi elaborado?
Objetivo	*Por que* o projeto foi modelado?
Beneficiários	*A quem* o projeto é destinado?
Justificativa	*Qual* a sua finalidade mais ampla?
Públicos	*Para quem* o projeto foi modelado?
Ressalvas	*Sob quais* condições o projeto é operacional?
Atividades	*Como* será gerado o produto?
Cronograma	*Quando* cada atividade será levada a efeito?
Recursos humanos	*Quem*, quando e sob que forma irá trabalhar no projeto?
Recursos materiais	*Quais* instalações e equipamentos serão utilizados e quando?
Recursos intangíveis	*Quais* informações, dados, pareceres serão necessários e quando?

Recursos externos	*Quais* consultorias, assessorias, cessões serão necessárias e quando?
Recursos financeiros	*Quanto*, em dinheiro, deverá estar disponível e quando?
Orçamento	*Quanto* será despendido com cada recurso a ser utilizado no projeto?
Demonstrativos financeiros	*Por que* vale a pena investir no projeto?

Sobre os autores

Hermano Roberto Thiry-Cherques é pós-doutor pela *Université Paris III – Sorbonne Nouvelle*, doutor em Ciências – COPPE – UFRJ, mestre em filosofia – IFCS, UFRJ, e graduado em administração pela EBAPE/Fundação Getulio Vargas. Atua como Professor Titular da EBAPE/Fundação Getulio Vargas, do *Senior Researcher Universidade de Maryland*, do *College Park*, e também como Professor Visitante da *Université Paris III – Sorbonne Nouvelle*.

Roberto da Costa Pimenta é doutor em Administração pela EBAPE/Fundação Getulio Vargas, mestre em Administração Pública pela EBAPE/Fundação Getulio Vargas e especialista em Administração Pública pela EBAPE/Fundação Getulio Vargas. É engenheiro agrônomo graduado pela UFRRJ. Atua como Professor da EBAPE/ Fundação Getulio Vargas e como Consultor da FGV em projetos em empresas e organizações governamentais do Brasil.